Revisión de la Evaluación 5S para Oficinas

Fecha de Inicio: _____

Area de Evaluación:_____

Elemento 5S	Número	Criterio de Evaluación	Califica estos artículos del 1 al 5, con 5 representando muy bien hecho	Puntos (1-5)	Ideas / Sugerencias / Comentarios
CLASIFICAR	I	¿Están los pasillos abiertos y libres de estorbos?	Todos los artículos innecesarios o inseguros se han retirado de los pasillos o áreas de trabajo.		
	II	¿Está la oficina libre de salpicaduras de fluidos?	Considera si hay químicos, agua, aceite u otros materiales que puedan ser peligrosos en el área de la oficina o en el piso.		
	III	¿Está la oficina libre de artículos innecesarios?	Se han retirado los objetos innecesarios de la oficina, ej: monitores extra, escáners, papeles, artículos de papelería que no se utilicen.		
	IV	¿Está la oficina libre de materiales en exceso?	Evalúa haciendo una comparación de los artículos que estén listos para ser procesados. Evalúa si los materiales, partes y suministros son los necesarios para completar el trabajo.		
	V	¿Está la información activa en el pizarrón?	Todos los anuncios se ven bien. La distribución es simple y están situados bajo los títulos apropiados.		
	VI	¿Están las paredes de las áreas libres de cosas inútiles?	No hay artículos extras en las paredes o divisiones ni hay letreros, calendarios o posters colgando en donde no se necesitan.		
		Categoría Subtotal		- - - - - - -	
			Resultado de Clasificar: Subtotal dividido entre 6		
ORGANIZAR	VII	Evalúa cualquier almacenamiento de documentos.	Sólo los documentos pertinentes están guardados en el área. Se ve que estos documentos están bien archivados de una manera organizada.		
	VIII	¿Cómo están las repisas, escritorios y superficies de trabajo acomodadas?	Todos los lugares están marcados/etiquetados y se sabe si algo falta.		
	IX	¿Cómo están almacenados los materiales y herramientas en el área?	No hay artículos extras en las paredes ni arrinconados. No hay artículos recargados en máquinas ni en ningún otro lado.		
	X	Evalúa los lugares de almacenamiento para suministros de oficina.	Artículos de oficina y cajas que contengan materiales necesarios, están bien guardados y clasificados. Están guardados en lugares seguros en donde no van a causar peligro.		
	XI	Evalúa el órden y acomodo de artículos que están en el piso.	Nada está en el suelo ni suelto por ahí. Los artículos que no necesiten estar en el piso tienen sus áreas marcadas.		
	XII	Accesibilidad a herramientas necesarias como equipo y artículos de papelería.	Equipos de oficina y artículos de papelería, etc. están organizados y son de fácil acceso.		
		Categoría Subtotal		- - - - - - -	
			Resultado de Organizar: Subtotal dividido entre 6		
LIMPIAR	XIII	Almacenaje de equipos de oficina y artículos de papelería.	Los equipos de oficina y artículos de papelería estan almacenados en áreas limpias y sin riesgo de dañarse con el movimiento que haya en la oficina.		
	XIV	Hay información de la última vez que se hizo mantenimiento del equipo.	Instrucciones para el uso del equipo de oficina están marcadas y señaladas. Hay hojas de mantenimiento disponibles para usarse y hay mantenimiento programado para equipo crítico.		
	XV	Evalúa la limpieza de la oficina.	Areas libres de polvo. Mira bajo los escritorios y detrás de cosas para ver si hay basura o desorden. Esto puede ser crítico.		
	XVI	Evalúa el estado del equipo en el área, la limpieza y apariencia general.	Hay guardas y tapas para evitar que líquidos se derramen, áreas críticas están marcadas para proteger a los trabajadores.		
		Categoría Subtotal		- - - - - - -	
			Resultado de Limpiar: Subtotal dividido entre 4		
ESTANDARIZAR	XVII	¿Hay diagramas visuales y con códigos de colores?	Hay un sistema de codificación en color en la oficina y en otros departamentos, se mantiene y se mejora los estandares todo el tiempo.		
	XVIII	Evalúa el acceso a las salidas en caso de una emergencia.	Los equipos de emergencia, vehículos y extinguidores están libres de obstrucciónes en todo momento. El acceso a controles eléctricos y fusibles está localizado, marcado y libre de cualquier obstrucción.		
	XIX	Verifica que los pasillos tengan luz y estén marcados claramente.	Los pasillos están claramente marcados e identificados en todas las áreas de trabajo.		
	XX	El área general tiene cantidades límite para materiales y están bien marcados.	Las diferentes alturas están marcadas, se conoce la cantidad de materiales así como el mínimo y máximo. Esto incluye papel para la fotocopiadora, computadoras, cartuchos de tinta y demás material de oficina.		
	XXI	¿Hay documentación clara sobre el control de la información en la oficina?	Toda la información y documentación se controla, etiqueta y actualiza constantemente. No hay carpetas sin etiquetas o papeles sueltos en el área.		
		Categoría Subtotal		- - - - - - -	
			Resultado de Estandarizar: Subtotal dividido entre 5		
MANTENER	XXII	Los pasillos están limpios y el mantenimiento es notable.	Los pasillos siempre están libres para pasar. Todos los artículos y productos están almacenados junto al pasillo para poder transportarse facilmente.		
	XXIII	Ilustraciones y planos de la oficina están disponibles para compararse.	5S tiene un sistema de mantenimiento que permite el control de cambio y mejora de 5S en el área de trabajo. Resultados e historia de cada artículo se mantiene y están presentes y visibles para apoyar mejoras futuras.		
	XXIV	Abilidad para almacenar recursos que sean compartidos.	No se necesita auto disciplina para asegurar que todos los artículos de papelería y equipo vuelvan al lugar apropiado. El esfuerzo de regresar las cosas a su lugar no requiere de habilidades organizacionales.		
	XXV	Evalúa la participación de los gerentes en 5S.	Los gerentes están activamente involucrados en revisar el Proceso de 5S y apoyan actividades de mejora en las oficinas.		
		Categoría Subtotal			
			Resultado de Mantener: Subtotal dividido entre 4		

Total "Subtotales de Categoría" divide entre 25 promedio el resultado 5S: TOTAL

Revisión de la Evaluación 5S para Oficinas

Fecha de Inicio: _____   Area de Evaluación: _____

Elemento 5S	Número	Criterio de Evaluación	Califica estos artículos del 1 al 5, con 5 representando muy bien hecho	Puntos (1-5)	Ideas / Sugerencias / Comentarios
CLASIFICAR	I	¿Están los pasillos abiertos y libres de estorbos?	Todos los artículos innecesarios o inseguros se han retirado de los pasillos o áreas de trabajo.		
	II	¿Está la oficina libre de salpicaduras de fluidos?	Considera si hay quimicos, agua, aceite u otros materiales que puedan ser peligrosos en el área de la oficina o en el piso.		
	III	¿Está la oficina libre de artículos innecesarios?	Se han retirado los objetos innecesarios de la oficina, ej: monitores extra, escáners, papeles, artículos de papelería que no se utilicen.		
	IV	¿Está la oficina libre de materiales en exceso?	Evalúa haciendo una comparación de los artículos que estén listos para ser procesados. Evalúa si los materiales, partes y suministros son los necesarios para completar el trabajo.		
	V	¿Está la información activa en el pizarrón?	Todos los anuncios se ven bien. La distribución es simple y están situados bajo los títulos apropiados.		
	VI	¿Están las paredes de las áreas libres de cosas inútiles?	No hay artículos extras en las paredes o divisiones ni hay letreros, calendarios o posters colgando en donde no se necesitan.		
			Categoría Subtotal		
			Resultado de Clasificar: Subtotal dividido entre 6		
ORGANIZAR	VII	Evalúa cualquier almacenamiento de documentos.	Sólo los documentos pertinentes están guardados en el área. Se ve que estos documentos están bien archivados de una manera organizada.		
	VIII	¿Cómo están las repisas, escritorios y superficies de trabajo acomodadas?	Todos los lugares están marcados/etiquetados y se sabe si algo falta.		
	IX	¿Cómo están almacenados los materiales y herramientas en el área?	No hay artículos extras en las paredes ni arrinconados. No hay artículos recargados en máquinas ni en ningún otro lado.		
	X	Evalúa los lugares de almacenamiento para suministros de oficina.	Artículos de oficina y cajas que contengan materiales necesarios, están bien guardados y clasificados. Están guardados en lugares seguros en donde no van a causar peligro.		
	XI	Evalúa el órden y acomodo de artículos que están en el piso.	Nada está en el suelo ni suelto por ahí. Los artículos que no necesiten estar en el piso tienen sus áreas marcadas.		
	XII	Accesibilidad a herramientas necesarias como equipo y artículos de papelería.	Equipos de oficina y artículos de papelería, etc. están organizados y son de fácil acceso.		
			Categoría Subtotal		
			Resultado de Organizar: Subtotal dividido entre 6		
LIMPIAR	XIII	Almacenaje de equipos de oficina y artículos de papelería.	Los equipos de oficina y artículos de papelería estan almacenados en áreas limpias y sin riesgo de dañarse con el movimiento que haya en la oficina.		
	XIV	Hay información de la última vez que se hizo mantenimiento del equipo.	Instrucciones para el uso del equipo de oficina están marcadas y señaladas. Hay hojas de mantenimiento disponibles para usarse y hay mantenimiento programado para equipo crítico.		
	XV	Evalúa la limpieza de la oficina.	Areas libres de polvo. Mira bajo los escritorios y detrás de cosas para ver si hay basura o desorden. Esto puede ser crítico.		
	XVI	Evalúa el estado del equipo en el área, la limpieza y apariencia general.	Hay guardas y tapas para evitar que líquidos se derramen, áreas críticas están marcadas para proteger a los trabajadores.		
			Categoría Subtotal		
			Resultado de Limpiar: Subtotal dividido entre 4		
ESTANDARIZAR	XVII	¿Hay diagramas visuales y con códigos de colores?	Hay un sistema de codificación en color en la oficina y en otros departamentos, se mantiene y se mejora los estandares todo el tiempo.		
	XVIII	Evalúa el acceso a las salidas en caso de una emergencia.	Los equipos de emergencia, vehículos y extinguidores están libres de obstrucciónes en todo momento. El acceso a controles eléctricos y fusibles está localizado, marcado y libre de cualquier obstrucción.		
	XIX	Verifica que los pasillos tengan luz y estén marcados claramente.	Los pasillos están claramente marcados e identificados en todas las áreas de trabajo.		
	XX	El área general tiene cantidades limite para materiales y están bien marcados.	Las diferentes alturas están marcadas, se conoce la cantidad de materiales así como el mínimo y máximo. Esto incluye papel para la fotocopiadora, computadoras, cartuchos de tinta y demás material de oficina.		
	XXI	¿Hay documentación clara sobre el control de la información en la oficina?	Toda la información y documentación se controla, etiqueta y actualiza constantemente. No hay carpetas sin etiquetas o papeles sueltos en el área.		
			Categoría Subtotal		
			Resultado de Estandarizar: Subtotal dividido entre 5		
MANTENER	XXII	Los pasillos están limpios y el mantenimiento es notable.	Los pasillos siempre están libres para pasar. Todos los artículos y productos están almacenados junto al pasillo para poder transportarse facilmente.		
	XXIII	Ilustraciones y planos de la oficina están disponibles para compararse.	5S tiene un sistema de mantenimiento que permite el control de cambio y mejora de 5S en el área de trabajo. Resultados e historia de cada artículo se mantiene y están presentes y visibles para apoyar mejoras futuras.		
	XXIV	Abilidad para almacenar recursos que sean compartidos.	No se necesita auto disciplina para asegurar que todos los artículos de papelería y equipo vuelvan al lugar apropiado. El esfuerzo de regresar las cosas a su lugar no requiere de habilidades organizacionales.		
	XXV	Evalúa la participación de los gerentes en 5S.	Los gerentes están activamente involucrados en revisar el Proceso de 5S y apoyan actividades de mejora en las oficinas.		
			Categoría Subtotal		
			Resultado de Mantener: Subtotal dividido entre 4		

Total "Subtotales de Categoría" divide entre 25 promedio el resultado 5S: TOTAL

ENNA
KNOWLEDGE INTO PRACTICE

www.enna.com

Revisión de la Evaluación 5S para Oficinas

Fecha de Inicio: _____   Area de Evaluación: _____

Elemento 5S	Número	Criterio de Evaluación	Califica estos artículos del 1 al 5, con 5 representando muy bien hecho	Puntos (1-5)	Ideas / Sugerencias / Comentarios
CLASIFICAR	I	¿Están los pasillos abiertos y libres de estorbos?	Todos los artículos innecesarios o inseguros se han retirado de los pasillos o áreas de trabajo.		
	II	¿Está la oficina libre de salpicaduras de fluidos?	Considera si hay químicos, agua, aceite u otros materiales que puedan ser peligrosos en el área de la oficina o en el piso.		
	III	¿Está la oficina libre de artículos innecesarios?	Se han retirado los objetos innecesarios de la oficina, ej: monitores extra, escáners, papeles, artículos de papelería que no se utilicen.		
	IV	¿Está la oficina libre de materiales en exceso?	Evalúa haciendo una comparación de los artículos que estén listos para ser procesados. Evalúa si los materiales, partes y suministros son los necesarios para completar el trabajo.		
	V	¿Está la información activa en el pizarrón?	Todos los anuncios se ven bien. La distribución es simple y están situados bajo los títulos apropiados.		
	VI	¿Están las paredes de las áreas libres de cosas inútiles?	No hay artículos extras en las paredes o divisiones ni hay letreros, calendarios o posters colgando en donde no se necesitan.		
			Categoría Subtotal		
			Resultado de Clasificar: Subtotal dividido entre 6		
ORGANIZAR	VII	Evalúa cualquier almacenamiento de documentos.	Sólo los documentos pertinentes están guardados en el área. Se ve que estos documentos están bien archivados de una manera organizada.		
	VIII	¿Cómo están las repisas, escritorios y superficies de trabajo acomodadas?	Todos los lugares están marcados/etiquetados y se sabe si algo falta.		
	IX	¿Cómo están almacenados los materiales y herramientas en el área?	No hay artículos extras en las paredes ni arrinconados. No hay artículos recargados en máquinas ni en ningún otro lado.		
	X	Evalúa los lugares de almacenamiento para suministros de oficina.	Artículos de oficina y cajas que contengan materiales necesarios, están bien guardados y clasificados. Están guardados en lugares seguros en donde no van a causar peligro.		
	XI	Evalúa el órden y acomodo de artículos que están en el piso.	Nada está en el suelo ni suelto por ahí. Los artículos que no necesiten estar en el piso tienen sus áreas marcadas.		
	XII	Accesibilidad a herramientas necesarias como equipo y artículos de papelería.	Equipos de oficina y artículos de papelería, etc. están organizados y son de fácil acceso.		
			Categoría Subtotal		
			Resultado de Organizar: Subtotal dividido entre 6		
LIMPIAR	XIII	Almacenaje de equipos de oficina y artículos de papelería.	Los equipos de oficina y artículos de papelería estan almacenados en áreas limpias y sin riesgo de dañarse con el movimiento que haya en la oficina.		
	XIV	Hay información de la última vez que se hizo mantenimiento del equipo.	Instrucciones para el uso del equipo de oficina están marcadas y señaladas. Hay hojas de mantenimiento disponibles para usarse y hay mantenimiento programado para equipo crítico.		
	XV	Evalúa la limpieza de la oficina.	Areas libres de polvo. Mira bajo los escritorios y detrás de cosas para ver si hay basura o desorden. Esto puede ser crítico.		
	XVI	Evalúa el estado del equipo en el área, la limpieza y apariencia general.	Hay guardas y tapas para evitar que líquidos se derramen, áreas críticas están marcadas para proteger a los trabajadores.		
			Categoría Subtotal		
			Resultado de Limpiar: Subtotal dividido entre 4		
ESTANDARIZAR	XVII	¿Hay diagramas visuales y con códigos de colores?	Hay un sistema de codificación en color en la oficina y en otros departamentos, se mantiene y se mejora los estandares todo el tiempo.		
	XVIII	Evalúa el acceso a las salidas en caso de una emergencia.	Los equipos de emergencia, vehículos y extinguidores están libres de obstrucciones en todo momento. El acceso a controles eléctricos y fusibles está localizado, marcado y libre de cualquier obstrucción.		
	XIX	Verifica que los pasillos tengan luz y estén marcados claramente.	Los pasillos están claramente marcados e identificados en todas las áreas de trabajo.		
	XX	El área general tiene cantidades límite para materiales y están bien marcados.	Las diferentes alturas están marcadas, se conoce la cantidad de materiales así como el mínimo y máximo. Esto incluye papel para la fotocopiadora, computadoras, cartuchos de tinta y demás material de oficina.		
	XXI	¿Hay documentación clara sobre el control de la información en la oficina?	Toda la información y documentación se controla, etiqueta y actualiza constantemente. No hay carpetas sin etiquetas o papeles sueltos en el área.		
			Categoría Subtotal		
			Resultado de Estandarizar: Subtotal dividido entre 5		
MANTENER	XXII	Los pasillos están limpios y el mantenimiento es notable.	Los pasillos siempre están libres para pasar. Todos los artículos y productos están almacenados junto al pasillo para poder transportarse facilmente.		
	XXIII	Ilustraciones y planos de la oficina están disponibles para compararse.	5S tiene un sistema de mantenimiento que permite el control de cambio y mejora de 5S en el área de trabajo. Resultados e historia de cada artículo se mantiene y están presentes y visibles para apoyar mejoras futuras.		
	XXIV	Abilidad para almacenar recursos que sean compartidos.	No se necesita auto disciplina para asegurar que todos los artículos de papelería y equipo vuelvan al lugar apropiado. El esfuerzo de regresar las cosas a su lugar no requiere de habilidades organizacionales.		
	XXV	Evalúa la participación de los gerentes en 5S.	Los gerentes están activamente involucrados en revisar el Proceso de 5S y apoyan actividades de mejora en las oficinas.		
			Categoría Subtotal		
			Resultado de Mantener: Subtotal dividido entre 4		

Total "Subtotales de Categoría" divide entre 25 promedio el resultado 5S: TOTAL

Revisión de la Evaluación 5S para Oficinas

Fecha de Inicio: _____

Area de Evaluación: _____

Elemento 5S	Número	Criterio de Evaluación	Califica estos artículos del 1 al 5, con 5 representando muy bien hecho	Puntos (1-5)	Ideas / Sugerencias / Comentarios
CLASIFICAR	I	¿Están los pasillos abiertos y libres de estorbos?	Todos los artículos innecesarios o inseguros se han retirado de los pasillos o áreas de trabajo.		
	II	¿Está la oficina libre de salpicaduras de fluidos?	Considera si hay químicos, agua, aceite u otros materiales que puedan ser peligrosos en el área de la oficina o en el piso.		
	III	¿Está la oficina libre de artículos innecesarios?	Se han retirado los objetos innecesarios de la oficina, ej: monitores extra, escáners, papeles, artículos de papelería que no se utilicen.		
	IV	¿Está la oficina libre de materiales en exceso?	Evalúa haciendo una comparación de los artículos que estén listos para ser procesados. Evalúa si los materiales, partes y suministros son los necesarios para completar el trabajo.		
	V	¿Está la información activa en el pizarrón?	Todos los anuncios se ven bien. La distribución es simple y están situados bajo los títulos apropiados.		
	VI	¿Están las paredes de las áreas libres de cosas inútiles?	No hay artículos extras en las paredes o divisiones ni hay letreros, calendarios o posters colgando en donde no se necesitan.		
		Categoría Subtotal			
		Resultado de Clasificar: Subtotal dividido entre 6			
ORGANIZAR	VII	Evalúa cualquier almacenamiento de documentos.	Sólo los documentos pertinentes están guardados en el área. Se ve que estos documentos están bien archivados de una manera organizada.		
	VIII	¿Cómo están las repisas, escritorios y superficies de trabajo acomodadas?	Todos los lugares están marcados/etiquetados y se sabe si algo falta.		
	IX	¿Cómo están almacenados los materiales y herramientas en el área?	No hay artículos extras en las paredes ni arrinconados. No hay artículos recargados en máquinas ni en ningún otro lado.		
	X	Evalúa los lugares de almacenamiento para suministros de oficina.	Artículos de oficina y cajas que contengan materiales necesarios, están bien guardados y clasificados. Están guardados en lugares seguros en donde no van a causar peligro.		
	XI	Evalúa el órden y acomodo de artículos que están en el piso.	Nada está en el suelo ni suelto por ahí. Los artículos que no necesiten estar en el piso tienen sus áreas marcadas.		
	XII	Accesibilidad a herramientas necesarias como equipo y artículos de papelería.	Equipos de oficina y artículos de papelería, etc. están organizados y son de fácil acceso.		
		Categoría Subtotal			
		Resultado de Organizar: Subtotal dividido entre 6			
LIMPIAR	XIII	Almacenaje de equipos de oficina y artículos de papelería.	Los equipos de oficina y artículos de papelería estan almacenados en áreas limpias y sin riesgo de dañarse con el movimiento que haya en la oficina.		
	XIV	Hay información de la última vez que se hizo mantenimiento del equipo.	Instrucciones para el uso del equipo de oficina están marcadas y señaladas. Hay hojas de mantenimiento disponibles para usarse y hay mantenimiento programado para equipo crítico.		
	XV	Evalúa la limpieza de la oficina.	Areas libres de polvo. Mira bajo los escritorios y detrás de cosas para ver si hay basura o desorden. Esto puede ser crítico.		
	XVI	Evalúa el estado del equipo en el área, la limpieza y apariencia general.	Hay guardas y tapas para evitar que líquidos se derramen, áreas críticas están marcadas para proteger a los trabajadores.		
		Categoría Subtotal			
		Resultado de Limpiar: Subtotal dividido entre 4			
ESTANDARIZAR	XVII	¿Hay diagramas visuales y con códigos de colores?	Hay un sistema de codificación en color en la oficina y en otros departamentos, se mantiene y se mejora los estandares todo el tiempo.		
	XVIII	Evalúa el acceso a las salidas en caso de una emergencia.	Los equipos de emergencia, vehículos y extinguidores están libres de obstrucciónes en todo momento. El acceso a controles eléctricos y fusibles está localizado, marcado y libre de cualquier obstrucción.		
	XIX	Verifica que los pasillos tengan luz y estén marcados claramente.	Los pasillos están claramente marcados e identificados en todas las áreas de trabajo.		
	XX	El área general tiene cantidades limite para materiales y están bien marcados.	Las diferentes alturas están marcadas, se conoce la cantidad de materiales así como el mínimo y máximo. Esto incluye papel para la fotocopiadora, computadoras, cartuchos de tinta y demás material de oficina.		
	XXI	¿Hay documentación clara sobre el control de la información en la oficina?	Toda la información y documentación se controla, etiqueta y actualiza constantemente. No hay carpetas sin etiquetas o papeles sueltos en el área.		
		Categoría Subtotal			
		Resultado de Estandarizar: Subtotal dividido entre 5			
MANTENER	XXII	Los pasillos están limpios y el mantenimiento es notable.	Los pasillos siempre están libres para pasar. Todos los artículos y productos están almacenados junto al pasillo para poder transportarse facilmente.		
	XXIII	Ilustraciones y planos de la oficina están disponibles para compararse.	5S tiene un sistema de mantenimiento que permite el control de cambio y mejora de 5S en el área de trabajo. Resultados e historia de cada artículo se mantiene y están presentes y visibles para apoyar mejoras futuras.		
	XXIV	Abilidad para almacenar recursos que sean compartidos.	No se necesita auto disciplina para asegurar que todos los artículos de papelería y equipo vuelvan al lugar apropiado. El esfuerzo de regresar las cosas a su lugar no requiere de habilidades organizacionales.		
	XXV	Evalúa la participación de los gerentes en 5S.	Los gerentes están activamente involucrados en revisar el Proceso de 5S y apoyan actividades de mejora en las oficinas.		
		Categoría Subtotal			
		Resultado de Mantener: Subtotal dividido entre 4			

Total "Subtotales de Categoría" divide entre 25 promedio el resultado 5S: TOTAL

Revisión de la Evaluación 5S para Oficinas

Fecha de Inicio: _____   Area de Evaluación: _____

Elemento 5S	Número	Criterio de Evaluación	Califica estos artículos del 1 al 5, con 5 representando muy bien hecho	Puntos (1-5)	Ideas / Sugerencias / Comentarios
CLASIFICAR	I	¿Están los pasillos abiertos y libres de estorbos?	Todos los artículos innecesarios o inseguros se han retirado de los pasillos o áreas de trabajo.		
	II	¿Está la oficina libre de salpicaduras de fluidos?	Considera si hay químicos, agua, aceite u otros materiales que puedan ser peligrosos en el área de la oficina o en el piso.		
	III	¿Está la oficina libre de artículos innecesarios?	Se han retirado los objetos innecesarios de la oficina, ej: monitores extra, escáners, papeles, artículos de papelería que no se utilicen.		
	IV	¿Está la oficina libre de materiales en exceso?	Evalúa haciendo una comparación de los artículos que estén listos para ser procesados. Evalúa si los materiales, partes y suministros son los necesarios para completar el trabajo.		
	V	¿Está la información activa en el pizarrón?	Todos los anuncios se ven bien. La distribución es simple y están situados bajo los títulos apropiados.		
	VI	¿Están las paredes de las áreas libres de cosas inútiles?	No hay artículos extras en las paredes o divisiones ni hay letreros, calendarios o posters colgando en donde no se necesitan.		
		Categoría Subtotal		- - - - -	
		Resultado de Clasificar: Subtotal dividido entre 6			
ORGANIZAR	VII	Evalúa cualquier almacenamiento de documentos.	Sólo los documentos pertinentes están guardados en el área. Se ve que estos documentos están bien archivados de una manera organizada.		
	VIII	¿Cómo están las repisas, escritorios y superficies de trabajo acomodadas?	Todos los lugares están marcados/etiquetados y se sabe si algo falta.		
	IX	¿Cómo están almacenados los materiales y herramientas en el área?	No hay artículos extras en las paredes ni arrinconados. No hay artículos recargados en máquinas ni en ningún otro lado.		
	X	Evalúa los lugares de almacenamiento para suministros de oficina.	Artículos de oficina y cajas que contengan materiales necesarios, están bien guardados y clasificados. Están guardados en lugares seguros en donde no van a causar peligro.		
	XI	Evalúa el órden y acomodo de artículos que están en el piso.	Nada está en el suelo ni suelto por ahí. Los artículos que no necesiten estar en el piso tienen sus áreas marcadas.		
	XII	Accesibilidad a herramientas necesarias como equipo y artículos de papelería.	Equipos de oficina y artículos de papelería, etc. están organizados y son de fácil acceso.		
		Categoría Subtotal		- - - - -	
		Resultado de Organizar: Subtotal dividido entre 6			
LIMPIAR	XIII	Almacenaje de equipos de oficina y artículos de papelería.	Los equipos de oficina y artículos de papelería estan almacenados en áreas limpias y sin riesgo de dañarse con el movimiento que haya en la oficina.		
	XIV	Hay información de la última vez que se hizo mantenimiento del equipo.	Instrucciones para el uso del equipo de oficina están marcadas y señaladas. Hay hojas de mantenimiento disponibles para usarse y hay mantenimiento programado para equipo crítico.		
	XV	Evalúa la limpieza de la oficina.	Areas libres de polvo. Mira bajo los escritorios y detrás de cosas para ver si hay basura o desorden. Esto puede ser crítico.		
	XVI	Evalúa el estado del equipo en el área, la limpieza y apariencia general.	Hay guardas y tapas para evitar que líquidos se derramen, áreas críticas están marcadas para proteger a los trabajadores.		
		Categoría Subtotal		- - - - -	
		Resultado de Limpiar: Subtotal dividido entre 4			
ESTANDARIZAR	XVII	¿Hay diagramas visuales y con códigos de colores?	Hay un sistema de codificación en color en la oficina y en otros departamentos, se mantiene y se mejora los estandares todo el tiempo.		
	XVIII	Evalúa el acceso a las salidas en caso de una emergencia.	Los equipos de emergencia, vehículos y extinguidores están libres de obstrucciones en todo momento. El acceso a controles eléctricos y fusibles está localizado, marcado y libre de cualquier obstrucción.		
	XIX	Verifica que los pasillos tengan luz y estén marcados claramente.	Los pasillos están claramente marcados e identificados en todas las áreas de trabajo.		
	XX	El área general tiene cantidades límite para materiales y están bien marcados.	Las diferentes alturas están marcadas, se conoce la cantidad de materiales así como el mínimo y máximo. Esto incluye papel para la fotocopiadora, computadoras, cartuchos de tinta y demás material de oficina.		
	XXI	¿Hay documentación clara sobre el control de la información en la oficina?	Toda la información y documentación se controla, etiqueta y actualiza constantemente. No hay carpetas sin etiquetas o papeles sueltos en el área.		
		Categoría Subtotal		- - - - -	
		Resultado de Estandarizar: Subtotal dividido entre 5			
MANTENER	XXII	Los pasillos están limpios y el mantenimiento es notable.	Los pasillos siempre están libres para pasar. Todos los artículos y productos están almacenados junto al pasillo para poder transportarse facilmente.		
	XXIII	Ilustraciones y planos de la oficina están disponibles para compararse.	5S tiene un sistema de mantenimiento que permite el control de cambio y mejora de 5S en el área de trabajo. Resultados e historia de cada artículo se mantiene y están presentes y visibles para apoyar mejoras futuras.		
	XXIV	Abilidad para almacenar recursos que sean compartidos.	No se necesita auto disciplina para asegurar que todos los artículos de papelería y equipo vuelvan al lugar apropiado. El esfuerzo de regresar las cosas a su lugar no requiere de habilidades organizacionales.		
	XXV	Evalúa la participación de los gerentes en 5S.	Los gerentes están activamente involucrados en revisar el Proceso de 5S y apoyan actividades de mejora en las oficinas.		
		Categoría Subtotal		- - - - -	
		Resultado de Mantener: Subtotal dividido entre 4			

Total "Subtotales de Categoría" divide entre 25 promedio el resultado 5S: TOTAL

Revisión de la Evaluación 5S para Oficinas

Fecha de Inicio: _____   Area de Evaluación: _____

Elemento 5S	Número	Criterio de Evaluación	Califica estos artículos del 1 al 5, con 5 representando muy bien hecho	Puntos (1-5)	Ideas / Sugerencias / Comentarios
CLASIFICAR	I	¿Están los pasillos abiertos y libres de estorbos?	Todos los artículos innecesarios o inseguros se han retirado de los pasillos o áreas de trabajo.		
	II	¿Está la oficina libre de salpicaduras de fluidos?	Considera si hay químicos, agua, aceite u otros materiales que puedan ser peligrosos en el área de la oficina o en el piso.		
	III	¿Está la oficina libre de artículos innecesarios?	Se han retirado los objetos innecesarios de la oficina, ej: monitores extra, escáners, papeles, artículos de papelería que no se utilicen.		
	IV	¿Está la oficina libre de materiales en exceso?	Evalúa haciendo una comparación de los artículos que estén listos para ser procesados. Evalúa si los materiales, partes y suministros son los necesarios para completar el trabajo.		
	V	¿Está la información activa en el pizarrón?	Todos los anuncios se ven bien. La distribución es simple y están situados bajo los títulos apropiados.		
	VI	¿Están las paredes de las áreas libres de cosas inútiles?	No hay artículos extras en las paredes o divisiones ni hay letreros, calendarios o posters colgando en donde no se necesitan.		
		Categoría Subtotal			
		Resultado de Clasificar: Subtotal dividido entre 6			
ORGANIZAR	VII	Evalúa cualquier almacenamiento de documentos.	Sólo los documentos pertinentes están guardados en el área. Se ve que estos documentos están bien archivados de una manera organizada.		
	VIII	¿Cómo están las repisas, escritorios y superficies de trabajo acomodadas?	Todos los lugares están marcados/etiquetados y se sabe si algo falta.		
	IX	¿Cómo están almacenados los materiales y herramientas en el área?	No hay artículos extras en las paredes ni arrinconados. No hay artículos recargados en máquinas ni en ningún otro lado.		
	X	Evalúa los lugares de almacenamiento para suministros de oficina.	Artículos de oficina y cajas que contengan materiales necesarios, están bien guardados y clasificados. Están guardados en lugares seguros en donde no van a causar peligro.		
	XI	Evalúa el órden y acomodo de artículos que están en el piso.	Nada está en el suelo ni suelto por ahí. Los artículos que no necesiten estar en el piso tienen sus áreas marcadas.		
	XII	Accesibilidad a herramientas necesarias como equipo y artículos de papelería.	Equipos de oficina y artículos de papelería, etc. están organizados y son de fácil acceso.		
		Categoría Subtotal			
		Resultado de Organizar: Subtotal dividido entre 6			
LIMPIAR	XIII	Almacenaje de equipos de oficina y artículos de papelería.	Los equipos de oficina y artículos de papelería estan almacenados en áreas limpias y sin riesgo de dañarse con el movimiento que haya en la oficina.		
	XIV	Hay información de la última vez que se hizo mantenimiento del equipo.	Instrucciones para el uso del equipo de oficina están marcadas y señaladas. Hay hojas de mantenimiento disponibles para usarse y hay mantenimiento programado para equipo crítico.		
	XV	Evalúa la limpieza de la oficina.	Areas libres de polvo. Mira bajo los escritorios y detrás de cosas para ver si hay basura o desorden. Esto puede ser crítico.		
	XVI	Evalúa el estado del equipo en el área, la limpieza y apariencia general.	Hay guardas y tapas para evitar que líquidos se derramen, áreas críticas están marcadas para proteger a los trabajadores.		
		Categoría Subtotal			
		Resultado de Limpiar: Subtotal dividido entre 4			
ESTANDARIZAR	XVII	¿Hay diagramas visuales y con códigos de colores?	Hay un sistema de codificación en color en la oficina y en otros departamentos, se mantiene y se mejora los estandares todo el tiempo.		
	XVIII	Evalúa el acceso a las salidas en caso de una emergencia.	Los equipos de emergencia, vehículos y extinguidores están libres de obstrucciónes en todo momento. El acceso a controles eléctricos y fusibles está localizado, marcado y libre de cualquier obstrucción.		
	XIX	Verifica que los pasillos tengan luz y estén marcados claramente.	Los pasillos están claramente marcados e identificados en todas las áreas de trabajo.		
	XX	El área general tiene cantidades límite para materiales y están bien marcados.	Las diferentes alturas están marcadas, se conoce la cantidad de materiales así como el mínimo y máximo. Esto incluye papel para la fotocopiadora, computadoras, cartuchos de tinta y demás material de oficina.		
	XXI	¿Hay documentación clara sobre el control de la información en la oficina?	Toda la información y documentación se controla, etiqueta y actualiza constantemente. No hay carpetas sin etiquetas o papeles sueltos en el área.		
		Categoría Subtotal			
		Resultado de Estandarizar: Subtotal dividido entre 5			
MANTENER	XXII	Los pasillos están limpios y el mantenimiento es notable.	Los pasillos siempre están libres para pasar. Todos los artículos y productos están almacenados junto al pasillo para poder transportarse facilmente.		
	XXIII	Ilustraciones y planos de la oficina están disponibles para compararse.	5S tiene un sistema de mantenimiento que permite el control de cambio y mejora de 5S en el área de trabajo. Resultados e historia de cada artículo se mantiene y están presentes y visibles para apoyar mejoras futuras.		
	XXIV	Abilidad para almacenar recursos que sean compartidos.	No se necesita auto disciplina para asegurar que todos los artículos de papelería y equipo vuelvan al lugar apropiado. El esfuerzo de regresar las cosas a su lugar no requiere de habilidades organizacionales.		
	XXV	Evalúa la participación de los gerentes en 5S.	Los gerentes están activamente involucrados en revisar el Proceso de 5S y apoyan actividades de mejora en las oficinas.		
		Categoría Subtotal			
		Resultado de Mantener: Subtotal dividido entre 4			

Total "Subtotales de Categoría" divide entre 25 promedio el resultado 5S: TOTAL

Revisión de la Evaluación 5S para Oficinas

Fecha de Inicio: _____   Area de Evaluación: _____

Elemento 5S	Número	Criterio de Evaluación	Califica estos artículos del 1 al 5, con 5 representando muy bien hecho	Puntos (1-5)	Ideas / Sugerencias / Comentarios
CLASIFICAR	I	¿Están los pasillos abiertos y libres de estorbos?	Todos los artículos innecesarios o inseguros se han retirado de los pasillos o áreas de trabajo.		
	II	¿Está la oficina libre de salpicaduras de fluidos?	Considera si hay químicos, agua, aceite u otros materiales que puedan ser peligrosos en el área de la oficina o en el piso.		
	III	¿Está la oficina libre de artículos innecesarios?	Se han retirado los objetos innecesarios de la oficina, ej: monitores extra, escáners, papeles, artículos de papelería que no se utilicen.		
	IV	¿Está la oficina libre de materiales en exceso?	Evalúa haciendo una comparación de los artículos que estén listos para ser procesados. Evalúa si los materiales, partes y suministros son los necesarios para completar el trabajo.		
	V	¿Está la información activa en el pizarrón?	Todos los anuncios se ven bien. La distribución es simple y están situados bajo los títulos apropiados.		
	VI	¿Están las paredes de las áreas libres de cosas inútiles?	No hay artículos extras en las paredes o divisiones ni hay letreros, calendarios o posters colgando en donde no se necesitan.		
		Categoría Subtotal			
		Resultado de Clasificar: Subtotal dividido entre 6			
ORGANIZAR	VII	Evalúa cualquier almacenamiento de documentos.	Sólo los documentos pertinentes están guardados en el área. Se ve que estos documentos están bien archivados de una manera organizada.		
	VIII	¿Cómo están las repisas, escritorios y superficies de trabajo acomodadas?	Todos los lugares están marcados/etiquetados y se sabe si algo falta.		
	IX	¿Cómo están almacenados los materiales y herramientas en el área?	No hay artículos extras en las paredes ni arrinconados. No hay artículos recargados en máquinas ni en ningún otro lado.		
	X	Evalúa los lugares de almacenamiento para suministros de oficina.	Artículos de oficina y cajas que contengan materiales necesarios, están bien guardados y clasificados. Están guardados en lugares seguros en donde no van a causar peligro.		
	XI	Evalúa el órden y acomodo de artículos que estén en el piso.	Nada está en el suelo ni suelto por ahí. Los artículos que no necesiten estar en el piso tienen sus áreas marcadas.		
	XII	Accesibilidad a herramientas necesarias como equipo y artículos de papelería.	Equipos de oficina y artículos de papelería, etc. están organizados y son de fácil acceso.		
		Categoría Subtotal			
		Resultado de Organizar: Subtotal dividido entre 6			
LIMPIAR	XIII	Almacenaje de equipos de oficina y artículos de papelería.	Los equipos de oficina y artículos de papelería estan almacenados en áreas limpias y sin riesgo de dañarse con el movimiento que haya en la oficina.		
	XIV	Hay información de la última vez que se hizo mantenimiento del equipo.	Instrucciones para el uso del equipo de oficina están marcadas y señaladas. Hay hojas de mantenimiento disponibles para usarse y hay mantenimiento programado para equipo crítico.		
	XV	Evalúa la limpieza de la oficina.	Areas libres de polvo. Mira bajo los escritorios y detrás de cosas para ver si hay basura o desorden. Esto puede ser crítico.		
	XVI	Evalúa el estado del equipo en el área, la limpieza y apariencia general.	Hay guardas y tapas para evitar que líquidos se derramen, áreas críticas están marcadas para proteger a los trabajadores.		
		Categoría Subtotal			
		Resultado de Limpiar: Subtotal dividido entre 4			
ESTANDARIZAR	XVII	¿Hay diagramas visuales y con códigos de colores?	Hay un sistema de codificación en color en la oficina y en otros departamentos, se mantiene y se mejora los estandares todo el tiempo.		
	XVIII	Evalúa el acceso a las salidas en caso de una emergencia.	Los equipos de emergencia, vehículos y extinguidores están libres de obstrucciónes en todo momento. El acceso a controles eléctricos y fusibles está localizado, marcado y libre de cualquier obstrucción.		
	XIX	Verifica que los pasillos tengan luz y estén marcados claramente.	Los pasillos están claramente marcados e identificados en todas las áreas de trabajo.		
	XX	El área general tiene cantidades límite para materiales y están bien marcados.	Las diferentes alturas están marcadas, se conoce la cantidad de materiales así como el mínimo y máximo. Esto incluye papel para la fotocopiadora, computadoras, cartuchos de tinta y demás material de oficina.		
	XXI	¿Hay documentación clara sobre el control de la información en la oficina?	Toda la información y documentación se controla, etiqueta y actualiza constantemente. No hay carpetas sin etiquetas o papeles sueltos en el área.		
		Categoría Subtotal			
		Resultado de Estandarizar: Subtotal dividido entre 5			
MANTENER	XXII	Los pasillos están limpios y el mantenimiento es notable.	Los pasillos siempre están libres para pasar. Todos los artículos y productos están almacenados junto al pasillo para poder transportarse facilmente.		
	XXIII	Ilustraciones y planos de la oficina están disponibles para compararse.	5S tiene un sistema de mantenimiento que permite el control de cambio y mejora de 5S en el área de trabajo. Resultados e historia de cada artículo se mantiene y están presentes y visibles para apoyar mejoras futuras.		
	XXIV	Abilidad para almacenar recursos que sean compartidos.	No se necesita auto disciplina para asegurar que todos los artículos de papelería y equipo vuelvan al lugar apropiado. El esfuerzo de regresar las cosas a su lugar no requiere de habilidades organizacionales.		
	XXV	Evalúa la participación de los gerentes en 5S.	Los gerentes están activamente involucrados en revisar el Proceso de 5S y apoyan actividades de mejora en las oficinas.		
		Categoría Subtotal			
		Resultado de Mantener: Subtotal dividido entre 4			

Total "Subtotales de Categoría" divide entre 25 promedio el resultado 5S: TOTAL

KNOWLEDGE INTO PRACTICE
www.enna.com

Revisión de la Evaluación 5S para Oficinas

Fecha de Inicio: _____   Area de Evaluación:_____

Elemento 5S	Número	Criterio de Evaluación	Califica estos artículos del 1 al 5, con 5 representando muy bien hecho	Puntos (1-5)	Ideas / Sugerencias / Comentarios
CLASIFICAR	I	¿Están los pasillos abiertos y libres de estorbos?	Todos los artículos innecesarios o inseguros se han retirado de los pasillos o áreas de trabajo.		
	II	¿Está la oficina libre de salpicaduras de fluidos?	Considera si hay químicos, agua, aceite u otros materiales que puedan ser peligrosos en el área de la oficina o en el piso.		
	III	¿Está la oficina libre de artículos innecesarios?	Se han retirado los objetos innecesarios de la oficina, ej: monitores extra, escáners, papeles, artículos de papelería que no se utilicen.		
	IV	¿Está la oficina libre de materiales en exceso?	Evalúa haciendo una comparación de los artículos que estén listos para ser procesados. Evalúa si los materiales, partes y suministros son los necesarios para completar el trabajo.		
	V	¿Está la información activa en el pizarrón?	Todos los anuncios se ven bien. La distribución es simple y están situados bajo los títulos apropiados.		
	VI	¿Están las paredes de las áreas libres de cosas inútiles?	No hay artículos extras en las paredes o divisiones ni hay letreros, calendarios o posters colgando en donde no se necesitan.		
		Categoría Subtotal			
		Resultado de Clasificar: Subtotal dividido entre 6			
ORGANIZAR	VII	Evalúa cualquier almacenamiento de documentos.	Sólo los documentos pertinentes están guardados en el área. Se ve que estos documentos están bien archivados de una manera organizada.		
	VIII	¿Cómo están las repisas, escritorios y superficies de trabajo acomodadas?	Todos los lugares están marcados/etiquetados y se sabe si algo falta.		
	IX	¿Cómo están almacenados los materiales y herramientas en el área?	No hay artículos extras en las paredes ni arrinconados. No hay artículos recargados en máquinas ni en ningún otro lado.		
	X	Evalúa los lugares de almacenamiento para suministros de oficina.	Artículos de oficina y cajas que contengan materiales necesarios, están bien guardados y clasificados. Están guardados en lugares seguros en donde no van a causar peligro.		
	XI	Evalúa el órden y acomodo de artículos que están en el piso.	Nada está en el suelo ni suelto por ahí. Los artículos que no necesiten estar en el piso tienen sus áreas marcadas.		
	XII	Accesibilidad a herramientas necesarias como equipo y artículos de papelería.	Equipos de oficina y artículos de papelería, etc. están organizados y son de fácil acceso.		
		Categoría Subtotal			
		Resultado de Organizar: Subtotal dividido entre 6			
LIMPIAR	XIII	Almacenaje de equipos de oficina y artículos de papelería.	Los equipos de oficina y artículos de papelería estan almacenados en áreas limpias y sin riesgo de dañarse con el movimiento que haya en la oficina.		
	XIV	Hay información de la última vez que se hizo mantenimiento del equipo.	Instrucciones para el uso del equipo de oficina están marcadas y señaladas. Hay hojas de mantenimiento disponibles para usarse y hay mantenimiento programado para equipo crítico.		
	XV	Evalúa la limpieza de la oficina.	Areas libres de polvo. Mira bajo los escritorios y detrás de cosas para ver si hay basura o desorden. Esto puede ser crítico.		
	XVI	Evalúa el estado del equipo en el área, la limpieza y apariencia general.	Hay guardas y tapas para evitar que líquidos se derramen, áreas críticas están marcadas para proteger a los trabajadores.		
		Categoría Subtotal			
		Resultado de Limpiar: Subtotal dividido entre 4			
ESTANDARIZAR	XVII	¿Hay diagramas visuales y con códigos de colores?	Hay un sistema de codificación en color en la oficina y en otros departamentos, se mantiene y se mejora los estandares todo el tiempo.		
	XVIII	Evalúa el acceso a las salidas en caso de una emergencia.	Los equipos de emergencia, vehículos y extinguidores están libres de obstrucciónes en todo momento. El acceso a controles eléctricos y fusibles está localizado, marcado y libre de cualquier obstrucción.		
	XIX	Verifica que los pasillos tengan luz y estén marcados claramente.	Los pasillos están claramente marcados e identificados en todas las áreas de trabajo.		
	XX	El área general tiene cantidades límite para materiales y están bien marcados.	Las diferentes alturas están marcadas, se conoce la cantidad de materiales así como el mínimo y máximo. Esto incluye papel para la fotocopiadora, computadoras, cartuchos de tinta y demás material de oficina.		
	XXI	¿Hay documentación clara sobre el control de la información en la oficina?	Toda la información y documentación se controla, etiqueta y actualiza constantemente. No hay carpetas sin etiquetas o papeles sueltos en el área.		
		Categoría Subtotal			
		Resultado de Estandarizar: Subtotal dividido entre 5			
MANTENER	XXII	Los pasillos están limpios y el mantenimiento es notable.	Los pasillos siempre están libres para pasar. Todos los artículos y productos están almacenados junto al pasillo para poder transportarse facilmente.		
	XXIII	Ilustraciones y planos de la oficina están disponibles para compararse.	5S tiene un sistema de mantenimiento que permite el control de cambio y mejora de 5S en el área de trabajo. Resultados e historia de cada artículo se mantiene y están presentes y visibles para apoyar mejoras futuras.		
	XXIV	Abilidad para almacenar recursos que sean compartidos.	No se necesita auto disciplina para asegurar que todos los artículos de papelería y equipo vuelvan al lugar apropiado. El esfuerzo de regresar las cosas a su lugar no requiere de habilidades organizacionales.		
	XXV	Evalúa la participación de los gerentes en 5S.	Los gerentes están activamente involucrados en revisar el Proceso de 5S y apoyan actividades de mejora en las oficinas.		
		Categoría Subtotal			
		Resultado de Mantener: Subtotal dividido entre 4			

Total "Subtotales de Categoría" divide entre 25 promedio el resultado 5S: TOTAL

Revisión de la Evaluación 5S para Oficinas

Fecha de Inicio: _____ Area de Evaluación:_____

Elemento 5S	Número	Criterio de Evaluación	Califica estos artículos del 1 al 5, con 5 representando muy bien hecho	Puntos (1-5)	Ideas / Sugerencias / Comentarios
CLASIFICAR	I	¿Están los pasillos abiertos y libres de estorbos?	Todos los artículos innecesarios o inseguros se han retirado de los pasillos o áreas de trabajo.		
	II	¿Está la oficina libre de salpicaduras de fluidos?	Considera si hay químicos, agua, aceite u otros materiales que puedan ser peligrosos en el área de la oficina o en el piso.		
	III	¿Está la oficina libre de artículos innecesarios?	Se han retirado los objetos innecesarios de la oficina, ej: monitores extra, escáners, papeles, artículos de papelería que no se utilicen.		
	IV	¿Está la oficina libre de materiales en exceso?	Evalúa haciendo una comparación de los artículos que estén listos para ser procesados. Evalúa si los materiales, partes y suministros son los necesarios para completar el trabajo.		
	V	¿Está la información activa en el pizarrón?	Todos los anuncios se ven bien. La distribución es simple y están situados bajo los títulos apropiados.		
	VI	¿Están las paredes de las áreas libres de cosas inútiles?	No hay artículos extras en las paredes o divisiones ni hay letreros, calendarios o posters colgando en donde no se necesitan.		
		Categoría Subtotal			
		Resultado de Clasificar: Subtotal dividido entre 6			
ORGANIZAR	VII	Evalúa cualquier almacenamiento de documentos.	Sólo los documentos pertinentes están guardados en el área. Se ve que estos documentos están bien archivados de una manera organizada.		
	VIII	¿Cómo están las repisas, escritorios y superficies de trabajo acomodadas?	Todos los lugares están marcados/etiquetados y se sabe si algo falta.		
	IX	¿Cómo están almacenados los materiales y herramientas en el área?	No hay artículos extras en las paredes ni arrinconados. No hay artículos recargados en máquinas ni en ningún otro lado.		
	X	Evalúa los lugares de almacenamiento para suministros de oficina.	Artículos de oficina y cajas que contengan materiales necesarios, están bien guardados y clasificados. Están guardados en lugares seguros en donde no van a causar peligro.		
	XI	Evalúa el órden y acomodo de artículos que están en el piso.	Nada está en el suelo ni suelto por ahí. Los artículos que no necesiten estar en el piso tienen sus áreas marcadas.		
	XII	Accesibilidad a herramientas necesarias como equipo y artículos de papelería.	Equipos de oficina y artículos de papelería, etc. están organizados y son de fácil acceso.		
		Categoría Subtotal			
		Resultado de Organizar: Subtotal dividido entre 6			
LIMPIAR	XIII	Almacenaje de equipos de oficina y artículos de papelería.	Los equipos de oficina y artículos de papelería estan almacenados en áreas limpias y sin riesgo de dañarse con el movimiento que haya en la oficina.		
	XIV	Hay información de la última vez que se hizo mantenimiento del equipo.	Instrucciones para el uso del equipo de oficina están marcadas y señaladas. Hay hojas de mantenimiento disponibles para usarse y hay mantenimiento programado para equipo crítico.		
	XV	Evalúa la limpieza de la oficina.	Areas libres de polvo. Mira bajo los escritorios y detrás de cosas para ver si hay basura o desorden. Esto puede ser crítico.		
	XVI	Evalúa el estado del equipo en el área, la limpieza y apariencia general.	Hay guardas y tapas para evitar que líquidos se derramen, áreas críticas están marcadas para proteger a los trabajadores.		
		Categoría Subtotal			
		Resultado de Limpiar: Subtotal dividido entre 4			
ESTANDARIZAR	XVII	¿Hay diagramas visuales y con códigos de colores?	Hay un sistema de codificación en color en la oficina y en otros departamentos, se mantiene y se mejora los estandares todo el tiempo.		
	XVIII	Evalúa el acceso a las salidas en caso de una emergencia.	Los equipos de emergencia, vehículos y extinguidores están libres de obstrucciónes en todo momento. El acceso a controles eléctricos y fusibles está localizado, marcado y libre de cualquier obstrucción.		
	XIX	Verifica que los pasillos tengan luz y estén marcados claramente.	Los pasillos están claramente marcados e identificados en todas las áreas de trabajo.		
	XX	El área general tiene cantidades límite para materiales y están bien marcados.	Las diferentes alturas están marcadas, se conoce la cantidad de materiales así como el mínimo y máximo. Esto incluye papel para la fotocopiadora, computadoras, cartuchos de tinta y demás material de oficina.		
	XXI	¿Hay documentación clara sobre el control de la información en la oficina?	Toda la información y documentación se controla, etiqueta y actualiza constantemente. No hay carpetas sin etiquetas o papeles sueltos en el área.		
		Categoría Subtotal			
		Resultado de Estandarizar: Subtotal dividido entre 5			
MANTENER	XXII	Los pasillos están limpios y el mantenimiento es notable.	Los pasillos siempre están libres para pasar. Todos los artículos y productos están almacenados junto al pasillo para poder transportarse facilmente.		
	XXIII	Ilustraciones y planos de la oficina están disponibles para compararse.	5S tiene un sistema de mantenimiento que permite el control de cambio y mejora de 5S en el área de trabajo. Resultados e historia de cada artículo se mantiene y están presentes y visibles para apoyar mejoras futuras.		
	XXIV	Abilidad para almacenar recursos que sean compartidos.	No se necesita auto disciplina para asegurar que todos los artículos de papelería y equipo vuelvan al lugar apropiado. El esfuerzo de regresar las cosas a su lugar no requiere de habilidades organizacionales.		
	XXV	Evalúa la participación de los gerentes en 5S.	Los gerentes están activamente involucrados en revisar el Proceso de 5S y apoyan actividades de mejora en las oficinas.		
		Categoría Subtotal			
		Resultado de Mantener: Subtotal dividido entre 4			

Total "Subtotales de Categoría" divide entre 25 promedio el resultado 5S: TOTAL

Revisión de la Evaluación 5S para Oficinas

Fecha de Inicio: _____   Area de Evaluación: _____

Elemento 5S	Número	Criterio de Evaluación	Califica estos artículos del 1 al 5, con 5 representando muy bien hecho	Puntos (1-5)	Ideas / Sugerencias / Comentarios
CLASIFICAR	I	¿Están los pasillos abiertos y libres de estorbos?	Todos los artículos innecesarios o inseguros se han retirado de los pasillos o áreas de trabajo.		
	II	¿Está la oficina libre de salpicaduras de fluidos?	Considera si hay químicos, agua, aceite u otros materiales que puedan ser peligrosos en el área de la oficina o en el piso.		
	III	¿Está la oficina libre de artículos innecesarios?	Se han retirado los objetos innecesarios de la oficina, ej: monitores extra, escáners, papeles, artículos de papelería que no se utilicen.		
	IV	¿Está la oficina libre de materiales en exceso?	Evalúa haciendo una comparación de los artículos que estén listos para ser procesados. Evalúa si los materiales, partes y suministros son los necesarios para completar el trabajo.		
	V	¿Está la información activa en el pizarrón?	Todos los anuncios se ven bien. La distribución es simple y están situados bajo los títulos apropiados.		
	VI	¿Están las paredes de las áreas libres de cosas inútiles?	No hay artículos extras en las paredes o divisiones ni hay letreros, calendarios o posters colgando en donde no se necesitan.		
		Categoría Subtotal			
		Resultado de Clasificar: Subtotal dividido entre 6			
ORGANIZAR	VII	Evalúa cualquier almacenamiento de documentos.	Sólo los documentos pertinentes están guardados en el área. Se ve que estos documentos están bien archivados de una manera organizada.		
	VIII	¿Cómo están las repisas, escritorios y superficies de trabajo acomodadas?	Todos los lugares están marcados/etiquetados y se sabe si algo falta.		
	IX	¿Cómo están almacenados los materiales y herramientas en el área?	No hay artículos extras en las paredes ni arrinconados. No hay artículos recargados en máquinas ni en ningún otro lado.		
	X	Evalúa los lugares de almacenamiento para suministros de oficina.	Artículos de oficina y cajas que contengan materiales necesarios, están bien guardados y clasificados. Están guardados en lugares seguros en donde no van a causar peligro.		
	XI	Evalúa el órden y acomodo de artículos que están en el piso.	Nada está en el suelo ni suelto por ahí. Los artículos que no necesiten estar en el piso tienen sus áreas marcadas.		
	XII	Accesibilidad a herramientas necesarias como equipo y artículos de papelería.	Equipos de oficina y artículos de papelería, etc. están organizados y son de fácil acceso.		
		Categoría Subtotal			
		Resultado de Organizar: Subtotal dividido entre 6			
LIMPIAR	XIII	Almacenaje de equipos de oficina y artículos de papelería.	Los equipos de oficina y artículos de papelería estan almacenados en áreas limpias y sin riesgo de dañarse con el movimiento que haya en la oficina.		
	XIV	Hay información de la última vez que se hizo mantenimiento del equipo.	Instrucciones para el uso del equipo de oficina están marcadas y señaladas. Hay hojas de mantenimiento disponibles para usarse y hay mantenimiento programado para equipo crítico.		
	XV	Evalúa la limpieza de la oficina.	Areas libres de polvo. Mira bajo los escritorios y detrás de cosas para ver si hay basura o desorden. Esto puede ser crítico.		
	XVI	Evalúa el estado del equipo en el área, la limpieza y apariencia general.	Hay guardas y tapas para evitar que líquidos se derramen, áreas críticas están marcadas para proteger a los trabajadores.		
		Categoría Subtotal			
		Resultado de Limpiar: Subtotal dividido entre 4			
ESTANDARIZAR	XVII	¿Hay diagramas visuales y con códigos de colores?	Hay un sistema de codificación en color en la oficina y en otros departamentos, se mantiene y se mejora los estandares todo el tiempo.		
	XVIII	Evalúa el acceso a las salidas en caso de una emergencia.	Los equipos de emergencia, vehículos y extinguidores están libres de obstrucciónes en todo momento. El acceso a controles eléctricos y fusibles está localizado, marcado y libre de cualquier obstrucción.		
	XIX	Verifica que los pasillos tengan luz y estén marcados claramente.	Los pasillos están claramente marcados e identificados en todas las áreas de trabajo.		
	XX	El área general tiene cantidades límite para materiales y están bien marcados.	Las diferentes alturas están marcadas, se conoce la cantidad de materiales así como el mínimo y máximo. Esto incluye papel para la fotocopiadora, computadoras, cartuchos de tinta y demás material de oficina.		
	XXI	¿Hay documentación clara sobre el control de la información en la oficina?	Toda la información y documentación se controla, etiqueta y actualiza constantemente. No hay carpetas sin etiquetas o papeles sueltos en el área.		
		Categoría Subtotal			
		Resultado de Estandarizar: Subtotal dividido entre 5			
MANTENER	XXII	Los pasillos están limpios y el mantenimiento es notable.	Los pasillos siempre están libres para pasar. Todos los artículos y productos están almacenados junto al pasillo para poder transportarse facilmente.		
	XXIII	Ilustraciones y planos de la oficina están disponibles para compararse.	5S tiene un sistema de mantenimiento que permite el control de cambio y mejora de 5S en el área de trabajo. Resultados e historia de cada artículo se mantiene y están presentes y visibles para apoyar mejoras futuras.		
	XXIV	Abilidad para almacenar recursos que sean compartidos.	No se necesita auto disciplina para asegurar que todos los artículos de papelería y equipo vuelvan al lugar apropiado. El esfuerzo de regresar las cosas a su lugar no requiere de habilidades organizacionales.		
	XXV	Evalúa la participación de los gerentes en 5S.	Los gerentes están activamente involucrados en revisar el Proceso de 5S y apoyan actividades de mejora en las oficinas.		
		Categoría Subtotal			
		Resultado de Mantener: Subtotal dividido entre 4			

Total "Subtotales de Categoría" divide entre 25 promedio el resultado 5S: TOTAL

Revisión de la Evaluación 5S para Oficinas

Fecha de Inicio: _____   Area de Evaluación:_____

Elemento 5S	Número	Criterio de Evaluación	Califica estos artículos del 1 al 5, con 5 representando muy bien hecho	Puntos (1-5)	Ideas / Sugerencias / Comentarios
CLASIFICAR	I	¿Están los pasillos abiertos y libres de estorbos?	Todos los artículos innecesarios o inseguros se han retirado de los pasillos o áreas de trabajo.		
	II	¿Está la oficina libre de salpicaduras de fluidos?	Considera si hay químicos, agua, aceite u otros materiales que puedan ser peligrosos en el área de la oficina o en el piso.		
	III	¿Está la oficina libre de artículos innecesarios?	Se han retirado los objetos innecesarios de la oficina, ej: monitores extra, escáners, papeles, artículos de papelería que no se utilicen.		
	IV	¿Está la oficina libre de materiales en exceso?	Evalúa haciendo una comparación de los artículos que estén listos para ser procesados. Evalúa si los materiales, partes y suministros son los necesarios para completar el trabajo.		
	V	¿Está la información activa en el pizarrón?	Todos los anuncios se ven bien. La distribución es simple y están situados bajo los títulos apropiados.		
	VI	¿Están las paredes de las áreas libres de cosas inútiles?	No hay artículos extras en las paredes o divisiones ni hay letreros, calendarios o posters colgando en donde no se necesitan.		
		Categoría Subtotal			
		Resultado de Clasificar: Subtotal dividido entre 6			
ORGANIZAR	VII	Evalúa cualquier almacenamiento de documentos.	Sólo los documentos pertinentes están guardados en el área. Se ve que estos documentos están bien archivados de una manera organizada.		
	VIII	¿Cómo están las repisas, escritorios y superficies de trabajo acomodadas?	Todos los lugares están marcados/etiquetados y se sabe si algo falta.		
	IX	¿Cómo están almacenados los materiales y herramientas en el área?	No hay artículos extras en las paredes ni arrinconados. No hay artículos recargados en máquinas ni en ningún otro lado.		
	X	Evalúa los lugares de almacenamiento para suministros de oficina.	Artículos de oficina y cajas que contengan materiales necesarios, están bien guardados y clasificados. Están guardados en lugares seguros en donde no van a causar peligro.		
	XI	Evalúa el órden y acomodo de artículos que están en el piso.	Nada está en el suelo ni suelto por ahí. Los artículos que no necesiten estar en el piso tienen sus áreas marcadas.		
	XII	Accesibilidad a herramientas necesarias como equipo y artículos de papelería.	Equipos de oficina y artículos de papelería, etc. están organizados y son de fácil acceso.		
		Categoría Subtotal			
		Resultado de Organizar: Subtotal dividido entre 6			
LIMPIAR	XIII	Almacenaje de equipos de oficina y artículos de papelería.	Los equipos de oficina y artículos de papelería estan almacenados en áreas limpias y sin riesgo de dañarse con el movimiento que haya en la oficina.		
	XIV	Hay información de la última vez que se hizo mantenimiento del equipo.	Instrucciones para el uso del equipo de oficina están marcadas y señaladas. Hay hojas de mantenimiento disponibles para usarse y hay mantenimiento programado para equipo crítico.		
	XV	Evalúa la limpieza de la oficina.	Areas libres de polvo. Mira bajo los escritorios y detrás de cosas para ver si hay basura o desorden. Esto puede ser crítico.		
	XVI	Evalúa el estado del equipo en el área, la limpieza y apariencia general.	Hay guardas y tapas para evitar que líquidos se derramen, áreas críticas están marcadas para proteger a los trabajadores.		
		Categoría Subtotal			
		Resultado de Limpiar: Subtotal dividido entre 4			
ESTANDARIZAR	XVII	¿Hay diagramas visuales y con códigos de colores?	Hay un sistema de codificación en color en la oficina y en otros departamentos, se mantiene y se mejora los estandares todo el tiempo.		
	XVIII	Evalúa el acceso a las salidas en caso de una emergencia.	Los equipos de emergencia, vehículos y extinguidores están libres de obstrucciones en todo momento. El acceso a controles eléctricos y fusibles está localizado, marcado y libre de cualquier obstrucción.		
	XIX	Verifica que los pasillos tengan luz y estén marcados claramente.	Los pasillos están claramente marcados e identificados en todas las áreas de trabajo.		
	XX	El área general tiene cantidades límite para materiales y están marcados.	Las diferentes alturas están marcadas, se conoce la cantidad de materiales así como el mínimo y máximo. Esto incluye papel para la fotocopiadora, computadoras, cartuchos de tinta y demás material de oficina.		
	XXI	¿Hay documentación clara sobre el control de la información en la oficina?	Toda la información y documentación se controla, etiqueta y actualiza constantemente. No hay carpetas sin etiquetas o papeles sueltos en el área.		
		Categoría Subtotal			
		Resultado de Estandarizar: Subtotal dividido entre 5			
MANTENER	XXII	Los pasillos están limpios y el mantenimiento es notable.	Los pasillos siempre están libres para pasar. Todos los artículos y productos están almacenados junto al pasillo para poder transportarse facilmente.		
	XXIII	Ilustraciones y planos de la oficina están disponibles para compararse.	5S tiene un sistema de mantenimiento que permite el control de cambio y mejora de 5S en el área de trabajo. Resultados e historia de cada artículo se mantiene y están presentes y visibles para apoyar mejoras futuras.		
	XXIV	Abilidad para almacenar recursos que sean compartidos.	No se necesita auto disciplina para asegurar que todos los artículos de papelería y equipo vuelvan al lugar apropiado. El esfuerzo de regresar las cosas a su lugar no requiere de habilidades organizacionales.		
	XXV	Evalúa la participación de los gerentes en 5S.	Los gerentes están activamente involucrados en revisar el Proceso de 5S y apoyan actividades de mejora en las oficinas.		
		Categoría Subtotal			
		Resultado de Mantener: Subtotal dividido entre 4			

Total "Subtotales de Categoría" divide entre 25 promedio el resultado 5S: TOTAL

Revisión de la Evaluación 5S para Oficinas

Fecha de Inicio: _____   Area de Evaluación: _____

Elemento 5S	Número	Criterio de Evaluación	Califica estos artículos del 1 al 5, con 5 representando muy bien hecho	Puntos (1-5)	Ideas / Sugerencias / Comentarios
CLASIFICAR	I	¿Están los pasillos abiertos y libres de estorbos?	Todos los artículos innecesarios o inseguros se han retirado de los pasillos o áreas de trabajo.		
	II	¿Está la oficina libre de salpicaduras de fluidos?	Considera si hay químicos, agua, aceite u otros materiales que puedan ser peligrosos en el área de la oficina o en el piso.		
	III	¿Está la oficina libre de artículos innecesarios?	Se han retirado los objetos innecesarios de la oficina, ej: monitores extra, escáners, papeles, artículos de papelería que no se utilicen.		
	IV	¿Está la oficina libre de materiales en exceso?	Evalúa haciendo una comparación de los artículos que estén listos para ser procesados. Evalúa si los materiales, partes y suministros son los necesarios para completar el trabajo.		
	V	¿Está la información activa en el pizarrón?	Todos los anuncios se ven bien. La distribución es simple y están situados bajo los títulos apropiados.		
	VI	¿Están las paredes de las áreas libres de cosas inútiles?	No hay artículos extras en las paredes o divisiones ni hay letreros, calendarios o posters colgando en donde no se necesitan.		
		Categoría Subtotal			
		Resultado de Clasificar: Subtotal dividido entre 6			
ORGANIZAR	VII	Evalúa cualquier almacenamiento de documentos.	Sólo los documentos pertinentes están guardados en el área. Se ve que estos documentos están bien archivados de una manera organizada.		
	VIII	¿Cómo están las repisas, escritorios y superficies de trabajo acomodadas?	Todos los lugares están marcados/etiquetados y se sabe si algo falta.		
	IX	¿Cómo están almacenados los materiales y herramientas en el área?	No hay artículos extras en las paredes ni arrinconados. No hay artículos recargados en máquinas ni en ningún otro lado.		
	X	Evalúa los lugares de almacenamiento para suministros de oficina.	Artículos de oficina y cajas que contengan materiales necesarios, están bien guardados y clasificados. Están guardados en lugares seguros en donde no van a causar peligro.		
	XI	Evalúa el órden y acomodo de artículos que están en el piso.	Nada está en el suelo ni suelto por ahí. Los artículos que no necesiten estar en el piso tienen sus áreas marcadas.		
	XII	Accesibilidad a herramientas necesarias como equipo y artículos de papelería.	Equipos de oficina y artículos de papelería, etc. están organizados y son de fácil acceso.		
		Categoría Subtotal			
		Resultado de Organizar: Subtotal dividido entre 6			
LIMPIAR	XIII	Almacenaje de equipos de oficina y artículos de papelería.	Los equipos de oficina y artículos de papelería estan almacenados en áreas limpias y sin riesgo de dañarse con el movimiento que haya en la oficina.		
	XIV	Hay información de la última vez que se hizo mantenimiento del equipo.	Instrucciones para el uso del equipo de oficina están marcadas y señaladas. Hay hojas de mantenimiento disponibles para usarse y hay mantenimiento programado para equipo crítico.		
	XV	Evalúa la limpieza de la oficina.	Areas libres de polvo. Mira bajo los escritorios y detrás de cosas para ver si hay basura o desorden. Esto puede ser crítico.		
	XVI	Evalúa el estado del equipo en el área, la limpieza y apariencia general.	Hay guardas y tapas para evitar que líquidos se derramen, áreas críticas están marcadas para proteger a los trabajadores.		
		Categoría Subtotal			
		Resultado de Limpiar: Subtotal dividido entre 4			
ESTANDARIZAR	XVII	¿Hay diagramas visuales y con códigos de colores?	Hay un sistema de codificación en color en la oficina y en otros departamentos, se mantiene y se mejora los estandares todo el tiempo.		
	XVIII	Evalúa el acceso a las salidas en caso de una emergencia.	Los equipos de emergencia, vehiculos y extinguidores están libres de obstrucciónes en todo momento. El acceso a controles eléctricos y fusibles está localizado, marcado y libre de cualquier obstrucción.		
	XIX	Verifica que los pasillos tengan luz y estén marcados claramente.	Los pasillos están claramente marcados e identificados en todas las áreas de trabajo.		
	XX	El área general tiene cantidades límite para materiales y están bien marcados.	Las diferentes alturas están marcadas, se conoce la cantidad de materiales así como el mínimo y máximo. Esto incluye papel para la fotocopiadora, computadoras, cartuchos de tinta y demás material de oficina.		
	XXI	¿Hay documentación clara sobre el control de la información en la oficina?	Toda la información y documentación se controla, etiqueta y actualiza constantemente. No hay carpetas sin etiquetas o papeles sueltos en el área.		
		Categoría Subtotal			
		Resultado de Estandarizar: Subtotal dividido entre 5			
MANTENER	XXII	Los pasillos están limpios y el mantenimiento es notable.	Los pasillos siempre están libres para pasar. Todos los artículos y productos están almacenados junto al pasillo para poder transportarse facilmente.		
	XXIII	Ilustraciones y planos de la oficina están disponibles para compararse.	5S tiene un sistema de mantenimiento que permite el control de cambio y mejora de 5S en el área de trabajo. Resultados e historia de cada artículo se mantiene y están presentes y visibles para apoyar mejoras futuras.		
	XXIV	Abilidad para almacenar recursos que sean compartidos.	No se necesita auto disciplina para asegurar que todos los artículos de papelería y equipo vuelvan al lugar apropiado. El esfuerzo de regresar las cosas a su lugar no requiere de habilidades organizacionales.		
	XXV	Evalúa la participación de los gerentes en 5S.	Los gerentes están activamente involucrados en revisar el Proceso de 5S y apoyan actividades de mejora en las oficinas.		
		Categoría Subtotal			
		Resultado de Mantener: Subtotal dividido entre 4			

Total "Subtotales de Categoría" divide entre 25 promedio el resultado 5S: TOTAL

Revisión de la Evaluación 5S para Oficinas

Fecha de Inicio: _____   Area de Evaluación: _____

Elemento 5S	Número	Criterio de Evaluación	Califica estos artículos del 1 al 5, con 5 representando muy bien hecho	Puntos (1-5)	Ideas / Sugerencias / Comentarios
CLASIFICAR	I	¿Están los pasillos abiertos y libres de estorbos?	Todos los artículos innecesarios o inseguros se han retirado de los pasillos o áreas de trabajo.		
	II	¿Está la oficina libre de salpicaduras de fluidos?	Considera si hay químicos, agua, aceite u otros materiales que puedan ser peligrosos en el área de la oficina o en el piso.		
	III	¿Está la oficina libre de artículos innecesarios?	Se han retirado los objetos innecesarios de la oficina, ej: monitores extra, escáners, papeles, artículos de papelería que no se utilicen.		
	IV	¿Está la oficina libre de materiales en exceso?	Evalúa haciendo una comparación de los artículos que estén listos para ser procesados. Evalúa si los materiales, partes y suministros son los necesarios para completar el trabajo.		
	V	¿Está la información activa en el pizarrón?	Todos los anuncios se ven bien. La distribución es simple y están situados bajo los títulos apropiados.		
	VI	¿Están las paredes de las áreas libres de cosas inútiles?	No hay artículos extras en las paredes o divisiones ni hay letreros, calendarios o posters colgando en donde no se necesiten.		
			Categoría Subtotal		
			Resultado de Clasificar: Subtotal dividido entre 6		
ORGANIZAR	VII	Evalúa cualquier almacenamiento de documentos.	Sólo los documentos pertinentes están guardados en el área. Se ve que estos documentos están bien archivados de una manera organizada.		
	VIII	¿Cómo están las repisas, escritorios y superficies de trabajo acomodadas?	Todos los lugares están marcados/etiquetados y se sabe si algo falta.		
	IX	¿Cómo están almacenados los materiales y herramientas en el área?	No hay artículos extras en las paredes ni arrinconados. No hay artículos recargados en máquinas ni en ningún otro lado.		
	X	Evalúa los lugares de almacenamiento para suministros de oficina	Artículos de oficina y cajas que contengan materiales necesarios, están bien guardados y clasificados. Están guardados en lugares seguros en donde no van a causar peligro.		
	XI	Evalúa el órden y acomodo de artículos que están en el piso.	Nada está en el suelo ni suelto por ahí. Los artículos que no necesiten estar en el piso tienen sus áreas marcadas.		
	XII	Accesibilidad a herramientas necesarias como equipo y artículos de papelería.	Equipos de oficina y artículos de papelería, etc. están organizados y son de fácil acceso.		
			Categoría Subtotal		
			Resultado de Organizar: Subtotal dividido entre 6		
LIMPIAR	XIII	Almacenaje de equipos de oficina y artículos de papelería.	Los equipos de oficina y artículos de papelería estan almacenados en áreas limpias y sin riesgo de dañarse con el movimiento que haya en la oficina.		
	XIV	Hay información de la última vez que se hizo mantenimiento del equipo.	Instrucciones para el uso del equipo de oficina están marcadas y señaladas. Hay hojas de mantenimiento disponibles para usarse y hay mantenimiento programado para equipo crítico.		
	XV	Evalúa la limpieza de la oficina.	Areas libres de polvo. Mira bajo los escritorios y detrás de cosas para ver si hay basura o desorden. Esto puede ser crítico.		
	XVI	Evalúa el estado del equipo en el área, la limpieza y apariencia general.	Hay guardas y tapas para evitar que líquidos se derramen, áreas críticas están marcadas para proteger a los trabajadores.		
			Categoría Subtotal		
			Resultado de Limpiar: Subtotal dividido entre 4		
ESTANDARIZAR	XVII	¿Hay diagramas visuales y con códigos de colores?	Hay un sistema de codificación en color en la oficina y en otros departamentos, se mantiene y se mejora los estandares todo el tiempo.		
	XVIII	Evalúa el acceso a las salidas en caso de una emergencia.	Los equipos de emergencia, vehículos y extinguidores están libres de obstrucciónes en todo momento. El acceso a controles eléctricos y fusibles está localizado, marcado y libre de cualquier obstrucción.		
	XIX	Verifica que los pasillos tengan luz y estén marcados claramente.	Los pasillos están claramente marcados e identificados en todas las áreas de trabajo.		
	XX	El área general tiene cantidades límite para materiales y están bien marcados.	Las diferentes alturas están marcadas, se conoce la cantidad de materiales así como el mínimo y máximo. Esto incluye papel para la fotocopiadora, computadoras, cartuchos de tinta y demás material de oficina.		
	XXI	¿Hay documentación clara sobre el control de la información en la oficina?	Toda la información y documentación se controla, etiqueta y actualiza constantemente. No hay carpetas sin etiquetas o papeles sueltos en el área.		
			Categoría Subtotal		
			Resultado de Estandarizar: Subtotal dividido entre 5		
MANTENER	XXII	Los pasillos están limpios y el mantenimiento es notable.	Los pasillos siempre están libres para pasar. Todos los artículos y productos están almacenados junto al pasillo para poder transportarse facilmente.		
	XXIII	Ilustraciones y planos de la oficina están disponibles para compararse.	5S tiene un sistema de mantenimiento que permite el control de cambio y mejora de 5S en el área de trabajo. Resultados e historia de cada artículo se mantiene y están presentes y visibles para apoyar mejoras futuras.		
	XXIV	Abilidad para almacenar recursos que sean compartidos.	No se necesita auto disciplina para asegurar que todos los artículos de papelería y equipo vuelvan al lugar apropiado. El esfuerzo de regresar las cosas a su lugar no requiere de habilidades organizacionales.		
	XXV	Evalúa la participación de los gerentes en 5S.	Los gerentes están activamente involucrados en revisar el Proceso de 5S y apoyan actividades de mejora en las oficinas.		
			Categoría Subtotal		
			Resultado de Mantener: Subtotal dividido entre 4		

Total "Subtotales de Categoría" divide entre 25 promedio el resultado 5S: TOTAL

Revisión de la Evaluación 5S para Oficinas

Fecha de Inicio: _____

Area de Evaluación: _____

Elemento 5S	Número	Criterio de Evaluación	Califica estos artículos del 1 al 5, con 5 representando muy bien hecho	Puntos (1-5)	Ideas / Sugerencias / Comentarios
CLASIFICAR	I	¿Están los pasillos abiertos y libres de estorbos?	Todos los artículos innecesarios o inseguros se han retirado de los pasillos o áreas de trabajo.		
	II	¿Está la oficina libre de salpicaduras de fluidos?	Considera si hay químicos, agua, aceite u otros materiales que puedan ser peligrosos en el área de la oficina o en el piso.		
	III	¿Está la oficina libre de artículos innecesarios?	Se han retirado los objetos innecesarios de la oficina, ej: monitores extra, escáners, papeles, artículos de papelería que no se utilicen.		
	IV	¿Está la oficina libre de materiales en exceso?	Evalúa haciendo una comparación de los artículos que estén listos para ser procesados. Evalúa si los materiales, partes y suministros son los necesarios para completar el trabajo.		
	V	¿Está la información activa en el pizarrón?	Todos los anuncios se ven bien. La distribución es simple y están situados bajo los títulos apropiados.		
	VI	¿Están las paredes de las áreas libres de cosas inútiles?	No hay artículos extras en las paredes o divisiones ni hay letreros, calendarios o posters colgando en donde no se necesitan.		
			Categoría Subtotal		
			Resultado de Clasificar: Subtotal dividido entre 6		
ORGANIZAR	VII	Evalúa cualquier almacenamiento de documentos.	Sólo los documentos pertinentes están guardados en el área. Se ve que estos documentos están bien archivados de una manera organizada.		
	VIII	¿Cómo están las repisas, escritorios y superficies de trabajo acomodadas?	Todos los lugares están marcados/etiquetados y se sabe si algo falta.		
	IX	¿Cómo están almacenados los materiales y herramientas en el área?	No hay artículos extras en las paredes ni arrinconados. No hay artículos recargados en máquinas ni en ningún otro lado.		
	X	Evalúa los lugares de almacenamiento para suministros de oficina.	Artículos de oficina y cajas que contengan materiales necesarios, están bien guardados y clasificados. Están guardados en lugares seguros en donde no van a causar peligro.		
	XI	Evalúa el órden y acomodo de artículos que están en el piso.	Nada está en el suelo ni suelto por ahí. Los artículos que no necesiten estar en el piso tienen sus áreas marcadas.		
	XII	Accesibilidad a herramientas necesarias como equipo y artículos de papelería.	Equipos de oficina y artículos de papelería, etc. están organizados y son de fácil acceso.		
			Categoría Subtotal		
			Resultado de Organizar: Subtotal dividido entre 6		
LIMPIAR	XIII	Almacenaje de equipos de oficina y artículos de papelería.	Los equipos de oficina y artículos de papelería estan almacenados en áreas limpias y sin riesgo de dañarse con el movimiento que haya en la oficina.		
	XIV	Hay información de la última vez que se hizo mantenimiento del equipo.	Instrucciones para el uso del equipo de oficina están marcadas y señaladas. Hay hojas de mantenimiento disponibles para usarse y hay mantenimiento programado para equipo crítico.		
	XV	Evalúa la limpieza de la oficina.	Areas libres de polvo. Mira bajo los escritorios y detrás de cosas para ver si hay basura o desorden. Esto puede ser crítico.		
	XVI	Evalúa el estado del equipo en el área, la limpieza y apariencia general.	Hay guardas y tapas para evitar que líquidos se derramen, áreas críticas están marcadas para proteger a los trabajadores.		
			Categoría Subtotal		
			Resultado de Limpiar: Subtotal dividido entre 4		
ESTANDARIZAR	XVII	¿Hay diagramas visuales y con códigos de colores?	Hay un sistema de codificación en color en la oficina y en otros departamentos, se mantiene y se mejora los estandares todo el tiempo.		
	XVIII	Evalúa el acceso a las salidas en caso de una emergencia.	Los equipos de emergencia, vehiculos y extinguidores están libres de obstrucciones en todo momento. El acceso a controles eléctricos y fusibles está localizado, marcado y libre de cualquier obstrucción.		
	XIX	Verifica que los pasillos tengan luz y estén marcados claramente.	Los pasillos están claramente marcados e identificados en todas las áreas de trabajo.		
	XX	El área general tiene cantidades límite para materiales y están bien marcados.	Las diferentes alturas están marcadas, se conoce la cantidad de materiales así como el mínimo y máximo. Esto incluye papel para la fotocopiadora, computadoras, cartuchos de tinta y demás material de oficina.		
	XXI	¿Hay documentación clara sobre el control de la información en la oficina?	Toda la información y documentación se controla, etiqueta y actualiza constantemente. No hay carpetas sin etiquetas o papeles sueltos en el área.		
			Categoría Subtotal		
			Resultado de Estandarizar: Subtotal dividido entre 5		
MANTENER	XXII	Los pasillos están limpios y el mantenimiento es notable.	Los pasillos siempre están libres para pasar. Todos los artículos y productos están almacenados junto al pasillo para poder transportarse facilmente.		
	XXIII	Ilustraciones y planos de la oficina están disponibles para compararse.	5S tiene un sistema de mantenimiento que permite el control de cambio y mejora de 5S en el área de trabajo. Resultados e historia de cada artículo se mantiene y están presentes y visibles para apoyar mejoras futuras.		
	XXIV	Abilidad para almacenar recursos que sean compartidos.	No se necesita auto disciplina para asegurar que todos los artículos de papelería y equipo vuelvan al lugar apropiado. El esfuerzo de regresar las cosas a su lugar no requiere de habilidades organizacionales.		
	XXV	Evalúa la participación de los gerentes en 5S.	Los gerentes están activamente involucrados en revisar el Proceso de 5S y apoyan actividades de mejora en las oficinas.		
			Categoría Subtotal		
			Resultado de Mantener: Subtotal dividido entre 4		

Total "Subtotales de Categoría" divide entre 25 promedio el resultado 5S: TOTAL

Revisión de la Evaluación 5S para Oficinas

Fecha de Inicio: _____   Area de Evaluación: _____

Elemento 5S	Número	Criterio de Evaluación	Califica estos artículos del 1 al 5, con 5 representando muy bien hecho	Puntos (1-5)	Ideas / Sugerencias / Comentarios
CLASIFICAR	I	¿Están los pasillos abiertos y libres de estorbos?	Todos los artículos innecesarios o inseguros se han retirado de los pasillos o áreas de trabajo.		
	II	¿Está la oficina libre de salpicaduras de fluidos?	Considera si hay químicos, agua, aceite u otros materiales que puedan ser peligrosos en el área de la oficina o en el piso.		
	III	¿Está la oficina libre de artículos innecesarios?	Se han retirado los objetos innecesarios de la oficina, ej: monitores extra, escáners, papeles, artículos de papelería que no se utilicen.		
	IV	¿Está la oficina libre de materiales en exceso?	Evalúa haciendo una comparación de los artículos que estén listos para ser procesados. Evalúa si los materiales, partes y suministros son los necesarios para completar el trabajo.		
	V	¿Está la información activa en el pizarrón?	Todos los anuncios se ven bien. La distribución es simple y están situados bajo los títulos apropiados.		
	VI	¿Están las paredes de las áreas libres de cosas inútiles?	No hay artículos extras en las paredes o divisiones ni hay letreros, calendarios o posters colgando en donde no se necesitan.		
		Categoría Subtotal		- - - - -	
		Resultado de Clasificar: Subtotal dividido entre 6			
ORGANIZAR	VII	Evalúa cualquier almacenamiento de documentos.	Sólo los documentos pertinentes están guardados en el área. Se ve que estos documentos están bien archivados de una manera organizada.		
	VIII	¿Cómo están las repisas, escritorios y superficies de trabajo acomodadas?	Todos los lugares estan marcados/etiquetados y se sabe si algo falta.		
	IX	¿Cómo están almacenados los materiales y herramientas en el área?	No hay artículos extras en las paredes ni arrinconados. No hay artículos recargados en máquinas ni en ningún otro lado.		
	X	Evalúa los lugares de almacenamiento para suministros de oficina.	Artículos de oficina y cajas que contengan materiales necesarios, están bien guardados y clasificados. Están guardados en lugares seguros en donde no van a causar peligro.		
	XI	Evalúa el órden y acomodo de artículos que están en el piso.	Nada está en el suelo ni suelto por ahí. Los artículos que no necesiten estar en el piso tienen sus áreas marcadas.		
	XII	Accesibilidad a herramientas necesarias como equipo y artículos de papelería.	Equipos de oficina y artículos de papelería, etc. están organizados y son de fácil acceso.		
		Categoría Subtotal		- - - - -	
		Resultado de Organizar: Subtotal dividido entre 6			
LIMPIAR	XIII	Almacenaje de equipos de oficina y artículos de papelería.	Los equipos de oficina y artículos de papelería estan almacenados en áreas limpias y sin riesgo de dañarse con el movimiento que haya en la oficina.		
	XIV	Hay información de la última vez que se hizo mantenimiento del equipo.	Instrucciones para el uso del equipo de oficina están marcadas y señaladas. Hay hojas de mantenimiento disponibles para usarse y hay mantenimiento programado para equipo crítico.		
	XV	Evalúa la limpieza de la oficina.	Areas libres de polvo. Mira bajo los escritorios y detrás de cosas para ver si hay basura o desorden. Esto puede ser crítico.		
	XVI	Evalúa el estado del equipo en el área, la limpieza y apariencia general.	Hay guardas y tapas para evitar que líquidos se derramen, áreas críticas están marcadas para proteger a los trabajadores.		
		Categoría Subtotal		- - - - -	
		Resultado de Limpiar: Subtotal dividido entre 4			
ESTANDARIZAR	XVII	¿Hay diagramas visuales y con códigos de colores?	Hay un sistema de codificación en color en la oficina y en otros departamentos, se mantiene y se mejora los estandares todo el tiempo.		
	XVIII	Evalúa el acceso a las salidas en caso de una emergencia.	Los equipos de emergencia, vehículos y extinguidores están libres de obstrucciónes en todo momento. El acceso a controles eléctricos y fusibles está localizado, marcado y libre de cualquier obstrucción.		
	XIX	Verifica que los pasillos tengan luz y estén marcados claramente.	Los pasillos están claramente marcados e identificados en todas las áreas de trabajo.		
	XX	El área general tiene cantidades límite para materiales y están bien marcados.	Las diferentes alturas están marcadas, se conoce la cantidad de materiales así como el mínimo y máximo. Esto incluye papel para la fotocopiadora, computadoras, cartuchos de tinta y demás material de oficina.		
	XXI	¿Hay documentación clara sobre el control de la información en la oficina?	Toda la información y documentación se controla, etiqueta y actualiza constantemente. No hay carpetas sin etiquetas o papeles sueltos en el área.		
		Categoría Subtotal		- - - - -	
		Resultado de Estandarizar: Subtotal dividido entre 5			
MANTENER	XXII	Los pasillos están limpios y el mantenimiento es notable.	Los pasillos siempre están libres para pasar. Todos los artículos y productos están almacenados junto al pasillo para poder transportarse facilmente.		
	XXIII	Ilustraciones y planos de la oficina están disponibles para compararse.	5S tiene un sistema de mantenimiento que permite el control de cambio y mejora de 5S en el área de trabajo. Resultados e historia de cada artículo se mantiene y están presentes y visibles para apoyar mejoras futuras.		
	XXIV	Abilidad para almacenar recursos que sean compartidos.	No se necesita auto disciplina para asegurar que todos los artículos de papelería y equipo vuelvan al lugar apropiado. El esfuerzo de regresar las cosas a su lugar no requiere de habilidades organizacionales.		
	XXV	Evalúa la participación de los gerentes en 5S.	Los gerentes están activamente involucrados en revisar el Proceso de 5S y apoyan actividades de mejora en las oficinas.		
		Categoría Subtotal		- - - - -	
		Resultado de Mantener: Subtotal dividido entre 4			

Total "Subtotales de Categoría" divide entre 25 promedio el resultado 5S: TOTAL

Revisión de la Evaluación 5S para Oficinas

Fecha de Inicio: _____   Area de Evaluación:_____

Elemento 5S	Número	Criterio de Evaluación	Califica estos artículos del 1 al 5, con 5 representando muy bien hecho	Puntos (1-5)	Ideas / Sugerencias / Comentarios
CLASIFICAR	I	¿Están los pasillos abiertos y libres de estorbos?	Todos los artículos innecesarios o inseguros se han retirado de los pasillos o áreas de trabajo.		
	II	¿Está la oficina libre de salpicaduras de fluidos?	Considera si hay químicos, agua, aceite u otros materiales que puedan ser peligrosos en el área de la oficina o en el piso.		
	III	¿Está la oficina libre de artículos innecesarios?	Se han retirado los objetos innecesarios de la oficina, ej: monitores extra, escáners, papeles, artículos de papelería que no se utilicen.		
	IV	¿Está la oficina libre de materiales en exceso?	Evalúa haciendo una comparación de los artículos que estén listos para ser procesados. Evalúa si los materiales, partes y suministros son los necesarios para completar el trabajo.		
	V	¿Está la información activa en el pizarrón?	Todos los anuncios se ven bien. La distribución es simple y están situados bajo los títulos apropiados.		
	VI	¿Están las paredes de las áreas libres de cosas inútiles?	No hay artículos extras en las paredes o divisiones ni hay letreros, calendarios o posters colgando en donde no se necesitan.		
			Categoría Subtotal		
			Resultado de Clasificar: Subtotal dividido entre 6		
ORGANIZAR	VII	Evalúa cualquier almacenamiento de documentos.	Sólo los documentos pertinentes están guardados en el área. Se ve que estos documentos están bien archivados de una manera organizada.		
	VIII	¿Cómo están las repisas, escritorios y superficies de trabajo acomodadas?	Todos los lugares están marcados/etiquetados y se sabe si algo falta.		
	IX	¿Cómo están almacenados los materiales y herramientas en el área?	No hay artículos extras en las paredes ni arrinconados. No hay artículos recargados en máquinas ni en ningún otro lado.		
	X	Evalúa los lugares de almacenamiento para suministros de oficina.	Artículos de oficina y cajas que contengan materiales necesarios, están bien guardados y clasificados. Están guardados en lugares seguros en donde no van a causar peligro.		
	XI	Evalúa el órden y acomodo de artículos que están en el piso.	Nada está en el suelo ni suelto por ahí. Los artículos que no necesiten estar en el piso tienen sus áreas marcadas.		
	XII	Accesibilidad a herramientas necesarias como equipo y artículos de papelería.	Equipos de oficina y artículos de papelería, etc. están organizados y son de fácil acceso.		
			Categoría Subtotal		
			Resultado de Organizar: Subtotal dividido entre 6		
LIMPIAR	XIII	Almacenaje de equipos de oficina y artículos de papelería.	Los equipos de oficina y artículos de papelería estan almacenados en áreas limpias y sin riesgo de dañarse con el movimiento que haya en la oficina.		
	XIV	Hay información de la última vez que se hizo mantenimiento del equipo.	Instrucciones para el uso del equipo de oficina están marcadas y señaladas. Hay hojas de mantenimiento disponibles para usarse y hay mantenimiento programado para equipo crítico.		
	XV	Evalúa la limpieza de la oficina.	Areas libres de polvo. Mira bajo los escritorios y detrás de cosas para ver si hay basura o desorden. Esto puede ser crítico.		
	XVI	Evalúa el estado del equipo en el área, la limpieza y apariencia general.	Hay guardas y tapas para evitar que líquidos se derramen, áreas críticas están marcadas para proteger a los trabajadores.		
			Categoría Subtotal		
			Resultado de Limpiar: Subtotal dividido entre 4		
ESTANDARIZAR	XVII	¿Hay diagramas visuales y con códigos de colores?	Hay un sistema de codificación en color en la oficina y en otros departamentos, se mantiene y se mejora los estandares todo el tiempo.		
	XVIII	Evalúa el acceso a las salidas en caso de una emergencia.	Los equipos de emergencia, vehículos y extinguidores están libres de obstrucciónes en todo momento. El acceso a controles eléctricos y fusibles está localizado, marcado y libre de cualquier obstrucción.		
	XIX	Verifica que los pasillos tengan luz y estén marcados claramente.	Los pasillos están claramente marcados e identificados en todas las áreas de trabajo.		
	XX	El área general tiene cantidades límite para materiales y están bien marcados.	Las diferentes alturas están marcadas, se conoce la cantidad de materiales así como el mínimo y máximo. Esto incluye papel para la fotocopiadora, computadoras, cartuchos de tinta y demás material de oficina.		
	XXI	¿Hay documentación clara sobre el control de la información en la oficina?	Toda la información y documentación se controla, etiqueta y actualiza constantemente. No hay carpetas sin etiquetas o papeles sueltos en el área.		
			Categoría Subtotal		
			Resultado de Estandarizar: Subtotal dividido entre 5		
MANTENER	XXII	Los pasillos están limpios y el mantenimiento es notable.	Los pasillos siempre están libres para pasar. Todos los artículos y productos están almacenados junto al pasillo para poder transportarse facilmente.		
	XXIII	Ilustraciones y planos de la oficina están disponibles para compararse.	5S tiene un sistema de mantenimiento que permite el control de cambio y mejora de 5S en el área de trabajo. Resultados e historia de cada artículo se mantiene y están presentes y visibles para apoyar mejoras futuras.		
	XXIV	Abilidad para almacenar recursos que sean compartidos.	No se necesita auto disciplina para asegurar que todos los artículos de papelería y equipo vuelvan al lugar apropiado. El esfuerzo de regresar las cosas a su lugar no requiere de habilidades organizacionales.		
	XXV	Evalúa la participación de los gerentes en 5S.	Los gerentes están activamente involucrados en revisar el Proceso de 5S y apoyan actividades de mejora en las oficinas.		
			Categoría Subtotal		
			Resultado de Mantener: Subtotal dividido entre 4		

Total "Subtotales de Categoría" divide entre 25 promedio el resultado 5S: TOTAL

Revisión de la Evaluación 5S para Oficinas

Fecha de Inicio: _____   Area de Evaluación:_____

Elemento 5S	Número	Criterio de Evaluación	Califica estos artículos del 1 al 5, con 5 representando muy bien hecho	Puntos (1-5)	Ideas / Sugerencias / Comentarios
CLASIFICAR	I	¿Están los pasillos abiertos y libres de estorbos?	Todos los artículos innecesarios o inseguros se han retirado de los pasillos o áreas de trabajo.		
	II	¿Está la oficina libre de salpicaduras de fluidos?	Considera si hay químicos, agua, aceite u otros materiales que puedan ser peligrosos en el área de la oficina o en el piso.		
	III	¿Está la oficina libre de artículos innecesarios?	Se han retirado los objetos innecesarios de la oficina, ej: monitores extra, escáners, papeles, artículos de papelería que no se utilicen.		
	IV	¿Está la oficina libre de materiales en exceso?	Evalúa haciendo una comparación de los artículos que estén listos para ser procesados. Evalúa si los materiales, partes y suministros son los necesarios para completar el trabajo.		
	V	¿Está la información activa en el pizarrón?	Todos los anuncios se ven bien. La distribución es simple y están situados bajo los títulos apropiados.		
	VI	¿Están las paredes de las áreas libres de cosas inútiles?	No hay artículos extras en las paredes o divisiones ni hay letreros, calendarios o posters colgando en donde no se necesitan.		
		Categoría Subtotal			
		Resultado de Clasificar: Subtotal dividido entre 6			
ORGANIZAR	VII	Evalúa cualquier almacenamiento de documentos.	Sólo los documentos pertinentes están guardados en el área. Se ve que estos documentos están bien archivados de una manera organizada.		
	VIII	¿Cómo estan las repisas, escritorios y superficies de trabajo acomodadas?	Todos los lugares están marcados/etiquetados y se sabe si algo falta.		
	IX	¿Cómo están almacenados los materiales y herramientas en el área?	No hay artículos extras en las paredes ni arrinconados. No hay artículos recargados en máquinas ni en ningún otro lado.		
	X	Evalúa los lugares de almacenamiento para suministros de oficina.	Artículos de oficina y cajas que contengan materiales necesarios, están bien guardados y clasificados. Están guardados en lugares seguros en donde no van a causar peligro.		
	XI	Evalúa el órden y acomodo de artículos que están en el piso.	Nada está en el suelo ni suelto por ahí. Los artículos que no necesiten estar en el piso tienen sus áreas marcadas.		
	XII	Accesibilidad a herramientas necesarias como equipo y artículos de papelería.	Equipos de oficina y artículos de papelería, etc. están organizados y son de fácil acceso.		
		Categoría Subtotal			
		Resultado de Organizar: Subtotal dividido entre 6			
LIMPIAR	XIII	Almacenaje de equipos de oficina y artículos de papelería.	Los equipos de oficina y artículos de papelería estan almacenados en áreas limpias y sin riesgo de dañarse con el movimiento que haya en la oficina.		
	XIV	Hay información de la última vez que se hizo mantenimiento del equipo.	Instrucciones para el uso del equipo de oficina están marcadas y señaladas. Hay hojas de mantenimiento disponibles para usarse y hay mantenimiento programado para equipo crítico.		
	XV	Evalúa la limpieza de la oficina.	Areas libres de polvo. Mira bajo los escritorios y detrás de cosas para ver si hay basura o desorden. Esto puede ser crítico.		
	XVI	Evalúa el estado del equipo en el área, la limpieza y apariencia general.	Hay guardas y tapas para evitar que líquidos se derramen, áreas críticas están marcadas para proteger a los trabajadores.		
		Categoría Subtotal			
		Resultado de Limpiar: Subtotal dividido entre 4			
ESTANDARIZAR	XVII	¿Hay diagramas visuales y con códigos de colores?	Hay un sistema de codificación en color en la oficina y en otros departamentos, se mantiene y se mejora los estandares todo el tiempo.		
	XVIII	Evalúa el acceso a las salidas en caso de una emergencia.	Los equipos de emergencia, vehiculos y extinguidores están libres de obstrucciónes en todo momento. El acceso a controles eléctricos y fusibles está localizado, marcado y libre de cualquier obstrucción.		
	XIX	Verifica que los pasillos tengan luz y estén marcados claramente.	Los pasillos están claramente marcados e identificados en todas las áreas de trabajo.		
	XX	El área general tiene cantidades límite para materiales y están bien marcados.	Las diferentes alturas están marcadas, se conoce la cantidad de materiales así como el mínimo y máximo. Esto incluye papel para la fotocopiadora, computadoras, cartuchos de tinta y demás material de oficina.		
	XXI	¿Hay documentación clara sobre el control de la información en la oficina?	Toda la información y documentación se controla, etiqueta y actualiza constantemente. No hay carpetas sin etiquetas o papeles sueltos en el área.		
		Categoría Subtotal			
		Resultado de Estandarizar: Subtotal dividido entre 5			
MANTENER	XXII	Los pasillos están limpios y el mantenimiento es notable.	Los pasillos siempre están libres para pasar. Todos los artículos y productos están almacenados junto al pasillo para poder transportarse facilmente.		
	XXIII	Ilustraciones y planos de la oficina están disponibles para compararse.	5S tiene un sistema de mantenimiento que permite el control de cambio y mejora de 5S en el área de trabajo. Resultados e historia de cada artículo se mantiene y están presentes y visibles para apoyar mejoras futuras.		
	XXIV	Abilidad para almacenar recursos que sean compartidos.	No se necesita auto disciplina para asegurar que todos los artículos de papelería y equipo vuelvan al lugar apropiado. El esfuerzo de regresar las cosas a su lugar no requiere de habilidades organizacionales.		
	XXV	Evalúa la participación de los gerentes en 5S.	Los gerentes están activamente involucrados en revisar el Proceso de 5S y apoyan actividades de mejora en las oficinas.		
		Categoría Subtotal			
		Resultado de Mantener: Subtotal dividido entre 4			

www.enna.com

Total "Subtotales de Categoría" divide entre 25 promedio el resultado 5S: TOTAL

Revisión de la Evaluación 5S para Oficinas

Fecha de Inicio: _____   Area de Evaluación:_____

Elemento 5S	Número	Criterio de Evaluación	Califica estos artículos del 1 al 5, con 5 representando muy bien hecho	Puntos (1-5)	Ideas / Sugerencias / Comentarios
CLASIFICAR	I	¿Están los pasillos abiertos y libres de estorbos?	Todos los artículos innecesarios o inseguros se han retirado de los pasillos o áreas de trabajo.		
	II	¿Está la oficina libre de salpicaduras de fluidos?	Considera si hay químicos, agua, aceite u otros materiales que puedan ser peligrosos en el área de la oficina o en el piso.		
	III	¿Está la oficina libre de artículos innecesarios?	Se han retirado los objetos innecesarios de la oficina, ej: monitores extra, escáners, papeles, artículos de papelería que no se utilicen.		
	IV	¿Está la oficina libre de materiales en exceso?	Evalúa haciendo una comparación de los artículos que estén listos para ser procesados. Evalúa si los materiales, partes y suministros son los necesarios para completar el trabajo.		
	V	¿Está la información activa en el pizarrón?	Todos los anuncios se ven bien. La distribución es simple y están situados bajo los títulos apropiados.		
	VI	¿Están las paredes de las áreas libres de cosas inútiles?	No hay artículos extras en las paredes o divisiones ni hay letreros, calendarios o posters colgando en donde no se necesitan.		
			Categoría Subtotal		
			Resultado de Clasificar: Subtotal dividido entre 6		
ORGANIZAR	VII	Evalúa cualquier almacenamiento de documentos.	Sólo los documentos pertinentes están guardados en el área. Se ve que estos documentos están bien archivados de una manera organizada.		
	VIII	¿Cómo están las repisas, escritorios y superficies de trabajo acomodadas?	Todos los lugares están marcados/etiquetados y se sabe si algo falta.		
	IX	¿Cómo están almacenados los materiales y herramientas en el área?	No hay artículos extras en las paredes ni arrinconados. No hay artículos recargados en máquinas ni en ningún otro lado.		
	X	Evalúa los lugares de almacenamiento para suministros de oficina.	Artículos de oficina y cajas que contengan materiales necesarios, están bien guardados y clasificados. Están guardados en lugares seguros en donde no van a causar peligro.		
	XI	Evalúa el órden y acomodo de artículos que están en el piso.	Nada está en el suelo ni suelto por ahí. Los artículos que no necesiten estar en el piso tienen sus áreas marcadas.		
	XII	Accesibilidad a herramientas necesarias como equipo y artículos de papelería.	Equipos de oficina y artículos de papelería, etc. están organizados y son de fácil acceso.		
			Categoría Subtotal		
			Resultado de Organizar: Subtotal dividido entre 6		
LIMPIAR	XIII	Almacenaje de equipos de oficina y artículos de papelería.	Los equipos de oficina y artículos de papelería estan almacenados en áreas limpias y sin riesgo de dañarse con el movimiento que haya en la oficina.		
	XIV	Hay información de la última vez que se hizo mantenimiento del equipo.	Instrucciones para el uso del equipo de oficina están marcadas y señaladas. Hay hojas de mantenimiento disponibles para usarse y hay mantenimiento programado para equipo crítico.		
	XV	Evalúa la limpieza de la oficina.	Areas libres de polvo. Mira bajo los escritorios y detrás de cosas para ver si hay basura o desorden. Esto puede ser crítico.		
	XVI	Evalúa el estado del equipo en el área, la limpieza y apariencia general.	Hay guardas y tapas para evitar que líquidos se derramen, áreas críticas están marcadas para proteger a los trabajadores.		
			Categoría Subtotal		
			Resultado de Limpiar: Subtotal dividido entre 4		
ESTANDARIZAR	XVII	¿Hay diagramas visuales y con códigos de colores?	Hay un sistema de codificación en color en la oficina y en otros departamentos, se mantiene y se mejora los estandares todo el tiempo.		
	XVIII	Evalúa el acceso a las salidas en caso de una emergencia.	Los equipos de emergencia, vehículos y extinguidores están libres de obstrucciónes en todo momento. El acceso a controles eléctricos y fusibles está localizado, marcado y libre de cualquier obstrucción.		
	XIX	Verifica que los pasillos tengan luz y estén marcados claramente.	Los pasillos están claramente marcados e identificados en todas las áreas de trabajo.		
	XX	El área general tiene cantidades límite para materiales y están bien marcados.	Las diferentes alturas están marcadas, se conoce la cantidad de materiales así como el mínimo y máximo. Esto incluye papel para la fotocopiadora, computadoras, cartuchos de tinta y demás material de oficina.		
	XXI	¿Hay documentación clara sobre el control de la información en la oficina?	Toda la información y documentación se controla, etiqueta y actualiza constantemente. No hay carpetas sin etiquetas o papeles sueltos en el área.		
			Categoría Subtotal		
			Resultado de Estandarizar: Subtotal dividido entre 5		
MANTENER	XXII	Los pasillos están limpios y el mantenimiento es notable.	Los pasillos siempre están libres para pasar. Todos los artículos y productos están almacenados junto al pasillo para poder transportarse facilmente.		
	XXIII	Ilustraciones y planos de la oficina están disponibles para compararse.	5S tiene un sistema de mantenimiento que permite el control de cambio y mejora de 5S en el área de trabajo. Resultados e historia de cada artículo se mantiene y están presentes y visibles para apoyar mejoras futuras.		
	XXIV	Abilidad para almacenar recursos que sean compartidos.	No se necesita auto disciplina para asegurar que todos los artículos de papelería y equipo vuelvan al lugar apropiado. El esfuerzo de regresar las cosas a su lugar no requiere de habilidades organizacionales.		
	XXV	Evalúa la participación de los gerentes en 5S.	Los gerentes están activamente involucrados en revisar el Proceso de 5S y apoyan actividades de mejora en las oficinas.		
			Categoría Subtotal		
			Resultado de Mantener: Subtotal dividido entre 4		

www.enna.com

Total "Subtotales de Categoría" divide entre 25 promedio el resultado 5S: TOTAL

Revisión de la Evaluación 5S para Oficinas

Fecha de Inicio: _____   Area de Evaluación:_____

Elemento 5S	Número	Criterio de Evaluación	Califica estos artículos del 1 al 5, con 5 representando muy bien hecho	Puntos (1-5)	Ideas / Sugerencias / Comentarios
CLASIFICAR	I	¿Están los pasillos abiertos y libres de estorbos?	Todos los artículos innecesarios o inseguros se han retirado de los pasillos o áreas de trabajo.		
	II	¿Está la oficina libre de salpicaduras de fluidos?	Considera si hay químicos, agua, aceite u otros materiales que puedan ser peligrosos en el área de la oficina o en el piso.		
	III	¿Está la oficina libre de artículos innecesarios?	Se han retirado los objetos innecesarios de la oficina, ej: monitores extra, escáners, papeles, artículos de papelería que no se utilicen.		
	IV	¿Está la oficina libre de materiales en exceso?	Evalúa haciendo una comparación de los artículos que estén listos para ser procesados. Evalúa si los materiales, partes y suministros son los necesarios para completar el trabajo.		
	V	¿Está la información activa en el pizarrón?	Todos los anuncios se ven bien. La distribución es simple y están situados bajo los títulos apropiados.		
	VI	¿Están las paredes de las áreas libres de cosas inútiles?	No hay artículos extras en las paredes o divisiones ni hay letreros, calendarios o posters colgando en donde no se necesitan.		
			Categoría Subtotal		
			Resultado de Clasificar: Subtotal dividido entre 6		
ORGANIZAR	VII	Evalúa cualquier almacenamiento de documentos.	Sólo los documentos pertinentes están guardados en el área. Se ve que estos documentos están bien archivados de una manera organizada		
	VIII	¿Cómo están las repisas, escritorios y superficies de trabajo acomodadas?	Todos los lugares están marcados/etiquetados y se sabe si algo falta.		
	IX	¿Cómo están almacenados los materiales y herramientas en el área?	No hay artículos extras en las paredes ni arrinconados. No hay artículos recargados en máquinas ni en ningún otro lado.		
	X	Evalúa los lugares de almacenamiento para suministros de oficina.	Artículos de oficina y cajas que contengan materiales necesarios, están bien guardados y clasificados. Están guardados en lugares seguros en donde no van a causar peligro.		
	XI	Evalúa el órden y acomodo de artículos que están en el piso.	Nada está en el suelo ni suelto por ahí. Los artículos que no necesiten estar en el piso tienen sus áreas marcadas.		
	XII	Accesibilidad a herramientas necesarias como equipo y artículos de papelería.	Equipos de oficina y artículos de papelería, etc. están organizados y son de fácil acceso.		
			Categoría Subtotal		
			Resultado de Organizar: Subtotal dividido entre 6		
LIMPIAR	XIII	Almacenaje de equipos de oficina y artículos de papelería.	Los equipos de oficina y artículos de papelería estan almacenados en áreas limpias y sin riesgo de dañarse con el movimiento que haya en la oficina.		
	XIV	Hay información de la última vez que se hizo mantenimiento del equipo.	Instrucciones para el uso del equipo de oficina están marcadas y señaladas. Hay hojas de mantenimiento disponibles para usarse y hay mantenimiento programado para equipo crítico.		
	XV	Evalúa la limpieza de la oficina.	Areas libres de polvo. Mira bajo los escritorios y detrás de cosas para ver si hay basura o desorden. Esto puede ser crítico.		
	XVI	Evalúa el estado del equipo en el área, la limpieza y apariencia general.	Hay guardas y tapas para evitar que líquidos se derramen, áreas críticas están marcadas para proteger a los trabajadores.		
			Categoría Subtotal		
			Resultado de Limpiar: Subtotal dividido entre 4		
ESTANDARIZAR	XVII	¿Hay diagramas visuales y con códigos de colores?	Hay un sistema de codificación en color en la oficina y en otros departamentos, se mantiene y se mejora los estandares todo el tiempo.		
	XVIII	Evalúa el acceso a las salidas en caso de una emergencia.	Los equipos de emergencia, vehículos y extinguidores están libres de obstrucciónes en todo momento. El acceso a controles eléctricos y fusibles está localizado, marcado y libre de cualquier obstrucción.		
	XIX	Verifica que los pasillos tengan luz y estén marcados claramente.	Los pasillos están claramente marcados e identificados en todas las áreas de trabajo.		
	XX	El área general tiene cantidades límite para materiales y están bien marcados.	Las diferentes alturas están marcadas, se conoce la cantidad de materiales así como el mínimo y máximo. Esto incluye papel para la fotocopiadora, computadoras, cartuchos de tinta y demás material de oficina.		
	XXI	¿Hay documentación clara sobre el control de la información en la oficina?	Toda la información y documentación se controla, etiqueta y actualiza constantemente. No hay carpetas sin etiquetas o papeles sueltos en el área.		
			Categoría Subtotal		
			Resultado de Estandarizar: Subtotal dividido entre 5		
MANTENER	XXII	Los pasillos están limpios y el mantenimiento es notable.	Los pasillos siempre están libres para pasar. Todos los artículos y productos están almacenados junto al pasillo para poder transportarse facilmente.		
	XXIII	Ilustraciones y planos de la oficina están disponibles para compararse.	5S tiene un sistema de mantenimiento que permite el control de cambio y mejora de 5S en el área de trabajo. Resultados e historia de cada artículo se mantiene y están presentes y visibles para apoyar mejoras futuras.		
	XXIV	Abilidad para almacenar recursos que sean compartidos.	No se necesita auto disciplina para asegurar que todos los artículos de papelería y equipo vuelvan al lugar apropiado. El esfuerzo de regresar las cosas a su lugar no requiere de habilidades organizacionales.		
	XXV	Evalúa la participación de los gerentes en 5S.	Los gerentes están activamente involucrados en revisar el Proceso de 5S y apoyan actividades de mejora en las oficinas.		
			Categoría Subtotal		
			Resultado de Mantener: Subtotal dividido entre 4		

Total "Subtotales de Categoría" divide entre 25 promedio el resultado 5S: TOTAL

Revisión de la Evaluación 5S para Oficinas

Fecha de Inicio: _____   Area de Evaluación: _____

Elemento 5S	Número	Criterio de Evaluación	Califica estos artículos del 1 al 5, con 5 representando muy bien hecho	Puntos (1-5)	Ideas / Sugerencias / Comentarios
CLASIFICAR	I	¿Están los pasillos abiertos y libres de estorbos?	Todos los artículos innecesarios o inseguros se han retirado de los pasillos o áreas de trabajo.		
	II	¿Está la oficina libre de salpicaduras de fluidos?	Considera si hay químicos, agua, aceite u otros materiales que puedan ser peligrosos en el área de la oficina o en el piso.		
	III	¿Está la oficina libre de artículos innecesarios?	Se han retirado los objetos innecesarios de la oficina, ej: monitores extra, escáners, papeles, articulos de papelería que no se utilicen.		
	IV	¿Está la oficina libre de materiales en exceso?	Evalúa haciendo una comparación de los artículos que estén listos para ser procesados. Evalúa sí los materiales, partes y suministros son los necesarios para completar el trabajo.		
	V	¿Está la información activa en el pizarrón?	Todos los anuncios se ven bien. La distribución es simple y están situados bajo los títulos apropiados.		
	VI	¿Están las paredes de las áreas libres de cosas inútiles?	No hay artículos extras en las paredes o divisiones ni hay letreros, calendarios o posters colgando en donde no se necesitan.		
		Categoría Subtotal			
		Resultado de Clasificar: Subtotal dividido entre 6			
ORGANIZAR	VII	Evalúa cualquier almacenamiento de documentos.	Sólo los documentos pertinentes están guardados en el área. Se ve que estos documentos están bien archivados de una manera organizada.		
	VIII	¿Cómo están las repisas, escritorios y superficies de trabajo acomodadas?	Todos los lugares están marcados/etiquetados y se sabe si algo falta.		
	IX	¿Cómo están almacenados los materiales y herramientas en el área?	No hay artículos extras en las paredes ni arrinconados. No hay artículos recargados en máquinas ni en ningún otro lado.		
	X	Evalúa los lugares de almacenamiento para suministros de oficina.	Artículos de oficina y cajas que contengan materiales necesarios, están bien guardados y clasificados. Están guardados en lugares seguros en donde no van a causar peligro.		
	XI	Evalúa el órden y acomodo de artículos que están en el piso.	Nada está en el suelo ni suelto por ahí. Los artículos que no necesiten estar en el piso tienen sus áreas marcadas.		
	XII	Accesibilidad a herramientas necesarias como equipo y artículos de papelería.	Equipos de oficina y artículos de papelería, etc. están organizados y son de fácil acceso.		
		Categoría Subtotal			
		Resultado de Organizar: Subtotal dividido entre 6			
LIMPIAR	XIII	Almacenaje de equipos de oficina y artículos de papelería.	Los equipos de oficina y artículos de papelería estan almacenados en áreas limpias y sin riesgo de dañarse con el movimiento que haya en la oficina.		
	XIV	Hay información de la última vez que se hizo mantenimiento del equipo.	Instrucciones para el uso del equipo de oficina están marcadas y señaladas. Hay hojas de mantenimiento disponibles para usarse y hay mantenimiento programado para equipo crítico.		
	XV	Evalúa la limpieza de la oficina.	Areas libres de polvo. Mira bajo los escritorios y detrás de cosas para ver si hay basura o desorden. Esto puede ser crítico.		
	XVI	Evalúa el estado del equipo en el área, la limpieza y apariencia general.	Hay guardas y tapas para evitar que líquidos se derramen, áreas críticas están marcadas para proteger a los trabajadores.		
		Categoría Subtotal			
		Resultado de Limpiar: Subtotal dividido entre 4			
ESTANDARIZAR	XVII	¿Hay diagramas visuales y con códigos de colores?	Hay un sistema de codificación en color en la oficina y en otros departamentos, se mantiene y se mejora los estandares todo el tiempo.		
	XVIII	Evalúa el acceso a las salidas en caso de una emergencia.	Los equipos de emergencia, vehiculos y extinguidores están libres de obstrucciónes en todo momento. El acceso a controles eléctricos y fusibles está localizado, marcado y libre de cualquier obstrucción.		
	XIX	Verifica que los pasillos tengan luz y estén marcados claramente.	Los pasillos están claramente marcados e identificados en todas las áreas de trabajo.		
	XX	El área general tiene cantidades límite para materiales y están bien marcados.	Las diferentes alturas están marcadas, se conoce la cantidad de materiales así como el mínimo y máximo. Esto incluye papel para la fotocopiadora, computadoras, cartuchos de tinta y demás material de oficina.		
	XXI	¿Hay documentación clara sobre el control de la información en la oficina?	Toda la información y documentación se controla, etiqueta y actualiza constantemente. No hay carpetas sin etiquetas o papeles sueltos en el área.		
		Categoría Subtotal			
		Resultado de Estandarizar: Subtotal dividido entre 5			
MANTENER	XXII	Los pasillos están limpios y el mantenimiento es notable.	Los pasillos siempre están libres para pasar. Todos los artículos y productos están almacenados junto al pasillo para poder transportarse facilmente.		
	XXIII	Ilustraciones y planos de la oficina están disponibles para compararse.	5S tiene un sistema de mantenimiento que permite el control de cambio y mejora de 5S en el área de trabajo. Resultados e historia de cada artículo se mantiene y están presentes y visibles para apoyar mejoras futuras.		
	XXIV	Abilidad para almacenar recursos que sean compartidos.	No se necesita auto disciplina para asegurar que todos los artículos de papelería y equipo vuelvan al lugar apropiado. El esfuerzo de regresar las cosas a su lugar no requiere de habilidades organizacionales.		
	XXV	Evalúa la participación de los gerentes en 5S.	Los gerentes están activamente involucrados en revisar el Proceso de 5S y apoyan actividades de mejora en las oficinas.		
		Categoría Subtotal			
		Resultado de Mantener: Subtotal dividido entre 4			

Total "Subtotales de Categoría" divide entre 25 promedio el resultado 5S: TOTAL

Revisión de la Evaluación 5S para Oficinas

Fecha de Inicio: _____   Area de Evaluación: _____

Elemento 5S	Número	Criterio de Evaluación	Califica estos artículos del 1 al 5, con 5 representando muy bien hecho	Puntos (1-5)	Ideas / Sugerencias / Comentarios
CLASIFICAR	I	¿Están los pasillos abiertos y libres de estorbos?	Todos los artículos innecesarios o inseguros se han retirado de los pasillos o áreas de trabajo.		
	II	¿Está la oficina libre de salpicaduras de fluidos?	Considera si hay químicos, agua, aceite u otros materiales que puedan ser peligrosos en el área de la oficina o en el piso.		
	III	¿Está la oficina libre de artículos innecesarios?	Se han retirado los objetos innecesarios de la oficina, ej: monitores extra, escáners, papeles, artículos de papelería que no se utilicen.		
	IV	¿Está la oficina libre de materiales en exceso?	Evalúa haciendo una comparación de los artículos que estén listos para ser procesados. Evalúa si los materiales, partes y suministros son los necesarios para completar el trabajo.		
	V	¿Está la información activa en el pizarrón?	Todos los anuncios se ven bien. La distribución es simple y están situados bajo los títulos apropiados.		
	VI	¿Están las paredes de las áreas libres de cosas inútiles?	No hay artículos extras en las paredes o divisiones ni hay letreros, calendarios o posters colgando en donde no se necesitan.		
		Categoría Subtotal		- - - - -	
		Resultado de Clasificar: Subtotal dividido entre 6			
ORGANIZAR	VII	Evalúa cualquier almacenamiento de documentos.	Sólo los documentos pertinentes están guardados en el área. Se ve que estos documentos están bien archivados de una manera organizada.		
	VIII	¿Cómo están las repisas, escritorios y superficies de trabajo acomodadas?	Todos los lugares están marcados/etiquetados y se sabe si algo falta.		
	IX	¿Cómo están almacenados los materiales y herramientas en el área?	No hay artículos extras en las paredes ni arrinconados. No hay artículos recargados en máquinas ni en ningún otro lado.		
	X	Evalúa los lugares de almacenamiento para suministros de oficina.	Artículos de oficina y cajas que contengan materiales necesarios, están bien guardados y clasificados. Están guardados en lugares seguros en donde no van a causar peligro.		
	XI	Evalúa el órden y acomodo de artículos que están en el piso.	Nada está en el suelo ni suelto por ahí. Los artículos que no necesiten estar en el piso tienen sus áreas marcadas.		
	XII	Accesibilidad a herramientas necesarias como equipo y artículos de papelería.	Equipos de oficina y artículos de papelería, etc. están organizados y son de fácil acceso.		
		Categoría Subtotal		- - - - -	
		Resultado de Organizar: Subtotal dividido entre 6			
LIMPIAR	XIII	Almacenaje de equipos de oficina y artículos de papelería.	Los equipos de oficina y artículos de papelería estan almacenados en áreas limpias y sin riesgo de dañarse con el movimiento que haya en la oficina.		
	XIV	Hay información de la última vez que se hizo mantenimiento del equipo.	Instrucciones para el uso del equipo de oficina están marcadas y señaladas. Hay hojas de mantenimiento disponibles para usarse y hay mantenimiento programado para equipo crítico.		
	XV	Evalúa la limpieza de la oficina.	Areas libres de polvo. Mira bajo los escritorios y detrás de cosas para ver si hay basura o desorden. Esto puede ser crítico.		
	XVI	Evalúa el estado del equipo en el área, la limpieza y apariencia general.	Hay guardas y tapas para evitar que líquidos se derramen, áreas críticas están marcadas para proteger a los trabajadores.		
		Categoría Subtotal		- - - - -	
		Resultado de Limpiar: Subtotal dividido entre 4			
ESTANDARIZAR	XVII	¿Hay diagramas visuales y con códigos de colores?	Hay un sistema de codificación en color en la oficina y en otros departamentos, se mantiene y se mejora los estandares todo el tiempo.		
	XVIII	Evalúa el acceso a las salidas en caso de una emergencia.	Los equipos de emergencia, vehículos y extinguidores están libres de obstrucciónes en todo momento. El acceso a controles eléctricos y fusibles está localizado, marcado y libre de cualquier obstrucción.		
	XIX	Verifica que los pasillos tengan luz y estén marcados claramente.	Los pasillos están claramente marcados e identificados en todas las áreas de trabajo.		
	XX	El área general tiene cantidades límite para materiales y están bien marcados.	Las diferentes alturas están marcadas, se conoce la cantidad de materiales así como el mínimo y máximo. Esto incluye papel para la fotocopiadora, computadoras, cartuchos de tinta y demás material de oficina.		
	XXI	¿Hay documentación clara sobre el control de la información en la oficina?	Toda la información y documentación se controla, etiqueta y actualiza constantemente. No hay carpetas sin etiquetas o papeles sueltos en el área.		
		Categoría Subtotal		- - - - -	
		Resultado de Estandarizar: Subtotal dividido entre 5			
MANTENER	XXII	Los pasillos están limpios y el mantenimiento es notable.	Los pasillos siempre están libres para pasar. Todos los artículos y productos están almacenados junto al pasillo para poder transportarse facilmente.		
	XXIII	Ilustraciones y planos de la oficina están disponibles para compararse.	5S tiene un sistema de mantenimiento que permite el control de cambio y mejora de 5S en el área de trabajo. Resultados e historia de cada artículo se mantiene y están presentes y visibles para apoyar mejoras futuras.		
	XXIV	Abilidad para almacenar recursos que sean compartidos.	No se necesita auto disciplina para asegurar que todos los artículos de papelería y equipo vuelvan al lugar apropiado. El esfuerzo de regresar las cosas a su lugar no requiere de habilidades organizacionales.		
	XXV	Evalúa la participación de los gerentes en 5S.	Los gerentes están activamente involucrados en revisar el Proceso de 5S y apoyan actividades de mejora en las oficinas.		
		Categoría Subtotal		- - - - -	
		Resultado de Mantener: Subtotal dividido entre 4			Total "Subtotales de Categoría" divide entre 25 promedio el resultado 5S: TOTAL

Revisión de la Evaluación 5S para Oficinas

Fecha de Inicio: _____   Area de Evaluación: _____

Elemento 5S	Número	Criterio de Evaluación	Califica estos artículos del 1 al 5, con 5 representando muy bien hecho	Puntos (1-5)	Ideas / Sugerencias / Comentarios
CLASIFICAR	I	¿Están los pasillos abiertos y libres de estorbos?	Todos los artículos innecesarios o inseguros se han retirado de los pasillos o áreas de trabajo.		
	II	¿Está la oficina libre de salpicaduras de fluidos?	Considera si hay químicos, agua, aceite u otros materiales que puedan ser peligrosos en el área de la oficina o en el piso.		
	III	¿Está la oficina libre de artículos innecesarios?	Se han retirado los objetos innecesarios de la oficina, ej: monitores extra, escáners, papeles, artículos de papelería que no se utilicen.		
	IV	¿Está la oficina libre de materiales en exceso?	Evalúa haciendo una comparación de los artículos que estén listos para ser procesados. Evalúa si los materiales, partes y suministros son los necesarios para completar el trabajo.		
	V	¿Está la información activa en el pizarrón?	Todos los anuncios se ven bien. La distribución es simple y están situados bajo los títulos apropiados.		
	VI	¿Están las paredes de las áreas libres de cosas inútiles?	No hay artículos extras en las paredes o divisiones ni hay letreros, calendarios o posters colgando en donde no se necesitan.		
		Categoría Subtotal		- - - - -	
		Resultado de Clasificar: Subtotal dividido entre 6			
ORGANIZAR	VII	Evalúa cualquier almacenamiento de documentos.	Sólo los documentos pertinentes están guardados en el área. Se ve que estos documentos están bien archivados de una manera organizada.		
	VIII	¿Cómo están las repisas, escritorios y superficies de trabajo acomodadas?	Todos los lugares están marcados/etiquetados y se sabe si algo falta.		
	IX	¿Cómo están almacenados los materiales y herramientas en el área?	No hay artículos extras en las paredes ni arrinconados. No hay artículos recargados en máquinas ni en ningún otro lado.		
	X	Evalúa los lugares de almacenamiento para suministros de oficina.	Artículos de oficina y cajas que contengan materiales necesarios, están bien guardados y clasificados. Están guardados en lugares seguros en donde no van a causar peligro.		
	XI	Evalúa el órden y acomodo de artículos que están en el piso.	Nada está en el suelo ni suelto por ahí. Los artículos que no necesiten estar en el piso tienen sus áreas marcadas.		
	XII	Accesibilidad a herramientas necesarias como equipo y artículos de papelería.	Equipos de oficina y artículos de papelería, etc. están organizados y son de fácil acceso.		
		Categoría Subtotal		- - - - -	
		Resultado de Organizar: Subtotal dividido entre 6			
LIMPIAR	XIII	Almacenaje de equipos de oficina y artículos de papelería.	Los equipos de oficina y artículos de papelería estan almacenados en áreas limpias y sin riesgo de dañarse con el movimiento que haya en la oficina.		
	XIV	Hay información de la última vez que se hizo mantenimiento del equipo.	Instrucciones para el uso del equipo de oficina están marcadas y señaladas. Hay hojas de mantenimiento disponibles para usarse y hay mantenimiento programado para equipo crítico.		
	XV	Evalúa la limpieza de la oficina.	Areas libres de polvo. Mira bajo los escritorios y detrás de cosas para ver si hay basura o desorden. Esto puede ser crítico.		
	XVI	Evalúa el estado del equipo en el área, la limpieza y apariencia general.	Hay guardas y tapas para evitar que líquidos se derramen, áreas críticas están marcadas para proteger a los trabajadores.		
		Categoría Subtotal		- - - - -	
		Resultado de Limpiar: Subtotal dividido entre 4			
ESTANDARIZAR	XVII	¿Hay diagramas visuales y con códigos de colores?	Hay un sistema de codificación en color en la oficina y en otros departamentos, se mantiene y se mejora los estandares todo el tiempo.		
	XVIII	Evalúa el acceso a las salidas en caso de una emergencia.	Los equipos de emergencia, vehiculos y extinguidores están libres de obstrucciones en todo momento. El acceso a controles eléctricos y fusibles está localizado, marcado y libre de cualquier obstrucción.		
	XIX	Verifica que los pasillos tengan luz y estén marcados claramente.	Los pasillos están claramente marcados e identificados en todas las áreas de trabajo.		
	XX	El área general tiene cantidades límite para materiales y están bien marcados.	Las diferentes alturas están marcadas, se conoce la cantidad de materiales así como el mínimo y máximo. Esto incluye papel para la fotocopiadora, computadoras, cartuchos de tinta y demás material de oficina.		
	XXI	¿Hay documentación clara sobre el control de la información en la oficina?	Toda la información y documentación se controla, etiqueta y actualiza constantemente. No hay carpetas sin etiquetas o papeles sueltos en el área.		
		Categoría Subtotal			
		Resultado de Estandarizar: Subtotal dividido entre 5			
MANTENER	XXII	Los pasillos están limpios y el mantenimiento es notable.	Los pasillos siempre están libres para pasar. Todos los artículos y productos están almacenados junto al pasillo para poder transportarse facilmente.		
	XXIII	Ilustraciones y planos de la oficina están disponibles para compararse.	5S tiene un sistema de mantenimiento que permite el control de cambio y mejora de 5S en el área de trabajo. Resultados e historia de cada artículo se mantiene y están presentes y visibles para apoyar mejoras futuras.		
	XXIV	Abilidad para almacenar recursos que sean compartidos.	No se necesita auto disciplina para asegurar que todos los artículos de papelería y equipo vuelvan al lugar apropiado. El esfuerzo de regresar las cosas a su lugar no requiere de habilidades organizacionales.		
	XXV	Evalúa la participación de los gerentes en 5S.	Los gerentes están activamente involucrados en revisar el Proceso de 5S y apoyan actividades de mejora en las oficinas.		
		Categoría Subtotal		- - - - -	
		Resultado de Mantener: Subtotal dividido entre 4			

Total "Subtotales de Categoría" divide entre 25 promedie el resultado 5S: TOTAL

Revisión de la Evaluación 5S para Oficinas

Fecha de Inicio: _____   Area de Evaluación: _____

Elemento 5S	Número	Criterio de Evaluación	Califica estos artículos del 1 al 5, con 5 representando muy bien hecho	Puntos (1-5)	Ideas / Sugerencias / Comentarios
CLASIFICAR	I	¿Están los pasillos abiertos y libres de estorbos?	Todos los artículos innecesarios o inseguros se han retirado de los pasillos o áreas de trabajo.		
	II	¿Está la oficina libre de salpicaduras de fluidos?	Considera si hay químicos, agua, aceite u otros materiales que puedan ser peligrosos en el área de la oficina o en el piso.		
	III	¿Está la oficina libre de artículos innecesarios?	Se han retirado los objetos innecesarios de la oficina, ej: monitores extra, escáners, papeles, artículos de papelería que no se utilicen.		
	IV	¿Está la oficina libre de materiales en exceso?	Evalúa haciendo una comparación de los artículos que estén listos para ser procesados. Evalúa si los materiales, partes y suministros son los necesarios para completar el trabajo.		
	V	¿Está la información activa en el pizarrón?	Todos los anuncios se ven bien. La distribución es simple y están situados bajo los títulos apropiados.		
	VI	¿Están las paredes de las áreas libres de cosas inútiles?	No hay artículos extras en las paredes o divisiones ni hay letreros, calendarios o posters colgando en donde no se necesitan.		
		Categoría Subtotal		- - - - -	
		Resultado de Clasificar: Subtotal dividido entre 6			
ORGANIZAR	VII	Evalúa cualquier almacenamiento de documentos.	Sólo los documentos pertinentes están guardados en el área. Se ve que estos documentos están bien archivados de una manera organizada.		
	VIII	¿Cómo están las repisas, escritorios y superficies de trabajo acomodadas?	Todos los lugares están marcados/etiquetados y se sabe si algo falta.		
	IX	¿Cómo están almacenados los materiales y herramientas en el área?	No hay artículos extras en las paredes ni arrinconados. No hay artículos recargados en máquinas ni en ningún otro lado.		
	X	Evalúa los lugares de almacenamiento para suministros de oficina.	Artículos de oficina y cajas que contengan materiales necesarios, están bien guardados y clasificados. Están guardados en lugares seguros en donde no van a causar peligro.		
	XI	Evalúa el órden y acomodo de artículos que están en el piso.	Nada está en el suelo ni suelto por ahí. Los artículos que no necesiten estar en el piso tienen sus áreas marcadas.		
	XII	Accesibilidad a herramientas necesarias como equipo y artículos de papelería.	Equipos de oficina y artículos de papelería, etc. están organizados y son de fácil acceso.		
		Categoría Subtotal		- - - - -	
		Resultado de Organizar: Subtotal dividido entre 6			
LIMPIAR	XIII	Almacenaje de equipos de oficina y artículos de papelería.	Los equipos de oficina y artículos de papelería estan almacenados en áreas limpias y sin riesgo de dañarse con el movimiento que haya en la oficina.		
	XIV	Hay información de la última vez que se hizo mantenimiento del equipo.	Instrucciones para el uso del equipo de oficina están marcadas y señaladas. Hay hojas de mantenimiento disponibles para usarse y hay mantenimiento programado para equipo crítico.		
	XV	Evalúa la limpieza de la oficina.	Areas libres de polvo. Mira bajo los escritorios y detrás de cosas para ver si hay basura o desorden. Esto puede ser crítico.		
	XVI	Evalúa el estado del equipo en el área, la limpieza y apariencia general.	Hay guardas y tapas para evitar que líquidos se derramen, áreas críticas están marcadas para proteger a los trabajadores.		
		Categoría Subtotal		- - - - -	
		Resultado de Limpiar: Subtotal dividido entre 4			
ESTANDARIZAR	XVII	¿Hay diagramas visuales y con códigos de colores?	Hay un sistema de codificación en color en la oficina y en otros departamentos, se mantiene y se mejora los estandares todo el tiempo.		
	XVIII	Evalúa el acceso a las salidas en caso de una emergencia.	Los equipos de emergencia, vehículos y extinguidores están libres de obstrucciónes en todo momento. El acceso a controles eléctricos y fusibles está localizado, marcado y libre de cualquier obstrucción.		
	XIX	Verifica que los pasillos tengan luz y estén marcados claramente.	Los pasillos están claramente marcados e identificados en todas las áreas de trabajo.		
	XX	El área general tiene cantidades límite para materiales y están bien marcados.	Las diferentes alturas están marcadas, se conoce la cantidad de materiales así como el mínimo y máximo. Esto incluye papel para la fotocopiadora, computadoras, cartuchos de tinta y demás material de oficina.		
	XXI	¿Hay documentación clara sobre el control de la información en la oficina?	Toda la información y documentación se controla, etiqueta y actualiza constantemente. No hay carpetas sin etiquetas o papeles sueltos en el área.		
		Categoría Subtotal		- - - - -	
		Resultado de Estandarizar: Subtotal dividido entre 5			
MANTENER	XXII	Los pasillos están limpios y el mantenimiento es notable.	Los pasillos siempre están libres para pasar. Todos los artículos y productos están almacenados junto al pasillo para poder transportarse facilmente.		
	XXIII	Ilustraciones y planos de la oficina están disponibles para compararse.	5S tiene un sistema de mantenimiento que permite el control de cambio y mejora de 5S en el área de trabajo. Resultados e historia de cada artículo se mantiene y están presentes y visibles para apoyar mejoras futuras.		
	XXIV	Abilidad para almacenar recursos que sean compartidos.	No se necesita auto disciplina para asegurar que todos los artículos de papelería y equipo vuelvan al lugar apropiado. El esfuerzo de regresar las cosas a su lugar no requiere de habilidades organizacionales.		
	XXV	Evalúa la participación de los gerentes en 5S.	Los gerentes están activamente involucrados en revisar el Proceso de 5S y apoyan actividades de mejora en las oficinas.		
		Categoría Subtotal		- - - - -	
		Resultado de Mantener: Subtotal dividido entre 4			**Total "Subtotales de Categoría" divide entre 25 promedio el resultado 5S: TOTAL**

 © ENNA — KNOWLEDGE INTO PRACTICE

www.enna.com

Revisión de la Evaluación 5S para Oficinas

Fecha de Inicio: _____   Area de Evaluación: _____

Elemento 5S	Número	Criterio de Evaluación	Califica estos artículos del 1 al 5, con 5 representando muy bien hecho	Puntos (1-5)	Ideas / Sugerencias / Comentarios
CLASIFICAR	I	¿Están los pasillos abiertos y libres de estorbos?	Todos los artículos innecesarios o inseguros se han retirado de los pasillos o áreas de trabajo.		
	II	¿Está la oficina libre de salpicaduras de fluidos?	Considera si hay químicos, agua, aceite u otros materiales que puedan ser peligrosos en el área de la oficina o en el piso.		
	III	¿Está la oficina libre de artículos innecesarios?	Se han retirado los objetos innecesarios de la oficina, ej: monitores extra, escáners, papeles, artículos de papelería que no se utilicen.		
	IV	¿Está la oficina libre de materiales en exceso?	Evalúa haciendo una comparación de los artículos que estén listos para ser procesados. Evalúa si los materiales, partes y suministros son los necesarios para completar el trabajo.		
	V	¿Está la información activa en el pizarrón?	Todos los anuncios se ven bien. La distribución es simple y están situados bajo los títulos apropiados.		
	VI	¿Están las paredes de las áreas libres de cosas inútiles?	No hay artículos extras en las paredes o divisiones ni hay letreros, calendarios o posters colgando en donde no se necesitan.		
		Categoría Subtotal			
		Resultado de Clasificar: Subtotal dividido entre 6			
ORGANIZAR	VII	Evalúa cualquier almacenamiento de documentos.	Sólo los documentos pertinentes están guardados en el área. Se ve que estos documentos están bien archivados de una manera organizada.		
	VIII	¿Cómo están las repisas, escritorios y superficies de trabajo acomodadas?	Todos los lugares están marcados/etiquetados y se sabe si algo falta.		
	IX	¿Cómo están almacenados los materiales y herramientas en el área?	No hay artículos extras en las paredes ni arrinconados. No hay artículos recargados en máquinas ni en ningún otro lado.		
	X	Evalúa los lugares de almacenamiento para suministros de oficina.	Artículos de oficina y cajas que contengan materiales necesarios, están bien guardados y clasificados. Están guardados en lugares seguros en donde no van a causar peligro.		
	XI	Evalúa el órden y acomodo de artículos que están en el piso.	Nada está en el suelo ni suelto por ahí. Los artículos que no necesiten estar en el piso tienen sus áreas marcadas.		
	XII	Accesibilidad a herramientas necesarias como equipo y artículos de papelería.	Equipos de oficina y artículos de papelería, etc. están organizados y son de fácil acceso.		
		Categoría Subtotal			
		Resultado de Organizar: Subtotal dividido entre 6			
LIMPIAR	XIII	Almacenaje de equipos de oficina y artículos de papelería.	Los equipos de oficina y artículos de papelería estan almacenados en áreas limpias y sin riesgo de dañarse con el movimiento que haya en la oficina.		
	XIV	Hay información de la última vez que se hizo mantenimiento del equipo.	Instrucciones para el uso del equipo de oficina están marcadas y señaladas. Hay hojas de mantenimiento disponibles para usarse y hay mantenimiento programado para equipo crítico.		
	XV	Evalúa la limpieza de la oficina.	Areas libres de polvo. Mira bajo los escritorios y detrás de cosas para ver si hay basura o desorden. Esto puede ser crítico.		
	XVI	Evalúa el estado del equipo en el área, la limpieza y apariencia general.	Hay guardas y tapas para evitar que líquidos se derramen, áreas críticas están marcadas para proteger a los trabajadores.		
		Categoría Subtotal			
		Resultado de Limpiar: Subtotal dividido entre 4			
ESTANDARIZAR	XVII	¿Hay diagramas visuales y con códigos de colores?	Hay un sistema de codificación en color en la oficina y en otros departamentos, se mantiene y se mejora los estandares todo el tiempo.		
	XVIII	Evalúa el acceso a las salidas en caso de una emergencia.	Los equipos de emergencia, vehículos y extinguidores están libres de obstrucciónes en todo momento. El acceso a controles eléctricos y fusibles está localizado, marcado y libre de cualquier obstrucción.		
	XIX	Verifica que los pasillos tengan luz y estén marcados claramente.	Los pasillos están claramente marcados e identificados en todas las áreas de trabajo.		
	XX	El área general tiene cantidades límite para materiales y están bien marcados.	Las diferentes alturas están marcadas, se conoce la cantidad de materiales así como el mínimo y máximo. Esto incluye papel para la fotocopiadora, computadoras, cartuchos de tinta y demás material de oficina.		
	XXI	¿Hay documentación clara sobre el control de la información en la oficina?	Toda la información y documentación se controla, etiqueta y actualiza constantemente. No hay carpetas sin etiquetas o papeles sueltos en el área.		
		Categoría Subtotal			
		Resultado de Estandarizar: Subtotal dividido entre 5			
MANTENER	XXII	Los pasillos están limpios y el mantenimiento es notable.	Los pasillos siempre están libres para pasar. Todos los artículos y productos están almacenados junto al pasillo para poder transportarse facilmente.		
	XXIII	Ilustraciones y planos de la oficina están disponibles para compararse.	5S tiene un sistema de mantenimiento que permite el control de cambio y mejora de 5S en el área de trabajo. Resultados e historia de cada artículo se mantiene y están presentes y visibles para apoyar mejoras futuras.		
	XXIV	Abilidad para almacenar recursos que sean compartidos.	No se necesita auto disciplina para asegurar que todos los artículos de papelería y equipo vuelvan al lugar apropiado. El esfuerzo de regresar las cosas a su lugar no requiere de habilidades organizacionales.		
	XXV	Evalúa la participación de los gerentes en 5S.	Los gerentes están activamente involucrados en revisar el Proceso de 5S y apoyan actividades de mejora en las oficinas.		
		Categoría Subtotal			
		Resultado de Mantener: Subtotal dividido entre 4			

Total "Subtotales de Categoría" divide entre 25 promedio el resultado 5S: TOTAL